Anni und Alois Pötz
Grenzenlos gehmütlich

Impressum

Bibliografische Information der Deutschen Nationalbibliothek
Die Deutsche Nationalbibliothek verzeichnet diese Publikation
in der Deutschen Nationalbibliografie; detaillierte bibliografische
Daten sind im Internet über http://dnb.d-nb.de abrufbar.

© 2021 Verlag Anton Pustet
5020 Salzburg, Bergstraße 12
Sämtliche Rechte vorbehalten.

Lektorat: Beatrix Binder
Grafik und Produktion: Nadine Kaschnig-Löbel
Kartenmaterial: Arge-Kartografie
Coverfoto: Anni Pötz
Druck: PBtisk a.s., Pribram
Gedruckt in Tschechien

ISBN 978-3-7025-1011-4

www.pustet.at

Alle Routenbeschreibungen sowie die Karten wurden nach gründlicher Recherche und aktuellem Wissensstand (Dezember 2020) erstellt. Eine Haftung für die Richtigkeit der Angaben kann trotzdem nicht übernommen werden, da sich diese aus verschiedenen Gründen auch wieder ändern können. Die Verwendung dieses Wanderführers erfolgt deshalb ausschließlich auf eigenes Risiko und eigene Gefahr.

Bildnachweis: Stephan Friesinger, Gasthaus Wagner (S. 75),
Katja El Sol Cemazar@shutterstock.com (S. 166), Jošt Gantar (S. 261),
alle übrigen Fotos: Anni Pötz

Literaturhinweis:
Zitat von Inge Morath auf S. 184 mit freundlicher Genehmigung aus: Regina Strassegger:
Inge Morath – Grenz.Räume. Last Journey. Prestel 2002, S. 192

Anni und Alois Pötz

Grenzenlos
gehmütlich

Genusswanderungen
und
Ausflugsziele
zwischen
Steiermark und Slowenien

VERLAG ANTON PUSTET

Inhalt

Vorwort
Grenzenlos wandern

Eine reizvolle Landschaft, malerische Weiler, Dörfer und Kleinstädte sowie eine Vielzahl von historischen Plätzen kennzeichnen die südliche Steiermark und das nördliche Slowenien. Wetter und Klima, schon deutlich vom Mittelmeer beeinflusst, sind sehr mild. Schon Kelten und Römer wussten diese Region zu schätzen, die geprägt ist von einer reichen Geschichte und Kultur. Antike Ausgrabungsstätten, zahlreiche Kirchen oder prächtige Schlösser wie in Seggau und Ptuj sowie interessante Museen erzählen davon. Zudem kann man hier bei einer Brettljause, einem Backhendl oder anderen regionalen Köstlichkeiten sowie einem Glaserl Wein das Leben genießen und den Alltag hinter sich lassen.

So idyllisch der Landstrich, so bewegt ist seine politische Geschichte: Bildete die Region über Jahrhunderte hinweg trotz unterschiedlicher Sprachen eine Einheit, so beendete der Erste Weltkrieg jäh das Miteinander. Seit dem Vertrag von Saint Germain im Jahr 1919 gehörte das Gebiet südlich von Poßruck und Mur zum Königreich der Serben, Kroaten und Slowenen – seit 1929 umbenannt in Königreich Jugoslawien –, seit 1991 ist es ein Teil Sloweniens. Noch bis 1990 gab es hier eine harte, streng bewachte Grenze. Der Beitritt Sloweniens

zur EU im Jahr 2004 und zum Schengenraum 2007 ermöglichte das Zusammenwachsen eines zweisprachigen historischen Raumes. Von Peter Handke, dem Literaturnobelpreisträger aus dem benachbarten Kärnten, stammt der Satz: „Ich bin ein deutschsprachiger Schriftsteller und über meine Mutter slowenischer Herkunft. Das ist mein Reichtum." Heute ist das Miteinander zweier Kulturen und Sprachen wieder spürbar und bereichernd. Der Wert von einem Europa ohne Grenzen lässt sich hier auf kleinem Raum erleben.

Grenzüberschreitend sind zum Teil die vierzig gehmütlichen Wanderungen, die hier vorgestellt werden: Bei dreizehn von ihnen ist „Grenzhüpfen" angesagt, man spaziert und wandert also „grenzenlos" zwischen Slowenien und Österreich. Sechzehn Routen führen durch das steirische Vulkan- und Schilcherland und erkunden

die Südsteirische Weinstraße. Elf Touren laden auf der slowenischen Seite, in der historischen Štajerska und in der Region Prekmurje zum Wandern, Entdecken und Genießen ein. Natürlich gibt es zu jeder Route einen selbst erprobten „ge*h*mütlichen" Einkehrtipp. Von Haubenlokalen, Häusern mit Gault&Millau-Bewertungen, traditionellen Landgasthöfen bis zu alpinen Hütten mit hochwertigen regionalen Schmankerln gibt es eine bunte Vielfalt kulinarischer Angebote. Unsere besondere Empfehlung ist es, nicht nur die Spezialitäten zu genießen, sondern sich auch auf die menschlichen Begegnungen über (Sprach)Grenzen hinweg einzulassen.

Viel Freude beim ge*h*mütlichen, grenzüberschreitenden
Genusswandern wünschen
Alois und Anni Pötz

11

Zum Geleit

Liebe Leserin, lieber Leser!

Europa lässt sich auf vielfältige Weise erleben. Wie in allen Bereichen bietet der Blick über Grenzen hinweg neue Erfahrungen, Erlebnisse und Einblicke und schafft ein bereicherndes Miteinander auf den unterschiedlichsten Gebieten. Im Jahr 2021 blicken wir auf 26 Jahre österreichische Mitgliedschaft in der Europäischen Union zurück. Seit dem Beitritt im Jahr 1995 ist die Europäische Union gewachsen und auch wieder kleiner geworden – aber sie ist ein Projekt, das für ein offenes Europa steht. Diesem positiven und zukunftsträchtigen Geist wird durch grenzübergreifende Projekte – wie es dieser Wanderführer ist – einmal mehr Ausdruck verliehen.

Vom Vulkan- und Schilcherland über die Südsteirische Weinstraße bis in das slowenische Prekmurje und in die Štajerska lassen sich mit grenzüberschreitenden Wanderungen nicht nur kulturelle und kulinarische Besonderheiten sowie einzigartige Naturjuwele entdecken, sondern sie öffnen auch den Blick in einen historischen Raum, den eine gemeinsame Geschichte prägt. In der Betrachtung regionaler Kulturen, Brauchtümer und Tradition entdeckt man einen großen Facettenreichtum – aber vor allem auch Gemeinsamkeiten mit seinen Mitmenschen, mit seinen Nachbarn.

Durch den Bau einer Brücke werden nicht nur zwei Ufer, sondern auch die Menschen an beiden Seiten miteinander verbunden. Die sogenannte Freundschaftsbrücke zwischen Bad Radkersburg und Gornja Radgona – die während des Zweiten Weltkrieges vorübergehend zerstört wurde – ist geprägt von einer wechselseitigen Geschichte. Die Brücke, die am 12. Oktober 1969 durch Präsident Jozip Broz Tito und Bundespräsident Franz Jonas in einem historischen Staatsakt neu eröffnet wurde, symbolisiert, wie aus einem Gegen- und Nebeneinander ein Miteinander zweier Staaten wurde und heute – Jahrzehnte später – weiterhin ein Sinnbild für Verbundenheit ist. Ein Auftrag, bestehende Brücken und Bande nicht nur aufrechtzuerhalten, sondern auch weiter auszubauen.

An dieser Stelle möchte ich mich sehr herzlich bei Alois und Anni Pötz für die Initiative zu diesem grenzüberschreitenden Wanderführer, der beeindruckende und wunderschöne Ecken der Steiermark sowie in der historischen Štajerska und Prekmurje aufzeigt, bedanken. Über Grenzen hinweg lassen sich damit zwei Länder auf vielfältige Art erfahren.

Christopher Drexler
Landesrat der Steiermark für Kultur,
Europa, Sport und Personal

1

Riegersburg
Eine spektakuläre Festung und eine legendäre Frau

Imposant ist die Lage der Riegersburg, bedeutend ihre Funktion als Schutzburg im Grenzland. Bemerkenswert ist auch „die Gallerin", eine emanzipierte Frauengestalt des 17. Jahrhunderts und ehemalige Burgherrin.

Wir nehmen bei der E-Ladestation des Parkplatzes in der Nähe der Mittelschule in Riegersburg die Stiege hinauf ins Ortszentrum. Hier geht es kurz nach links bis zum Tourismusbüro und dann rechts den Marktplatzweg bergauf bis zum Burgeingang. Im 12. Jahrhundert wurde die Burg, heute im Besitz der Familie Liechtenstein, erstmals erwähnt. Sie bekam im 17. Jahrhundert mit sechs Toranlagen, elf Basteien und der drei Kilometer langen Wehrmauer ihr heutiges Gesicht. Um eine Vorstellung von ihrer besonderen Lage zu bekommen, lassen wir den Burgeingang rechts liegen und gehen geradeaus weiter. Vor dem Friedhof nehmen wir leicht rechts den Spazierweg Richtung Burglift-Talstation. Der weitere Weg nah am Felsen, der hier auch als „Riegersburger Genussweg" beschildert ist, führt an der Westseite der Burg vorbei. Dieser Felsen, ein Schlot der zweiten vulkanischen Phase der Steiermark – 1,8 bis

Blick auf die Riegersburg, uneinnehmbare Trutzburg im Grenzland.

2,5 Millionen Jahre vor Heute –, entstand durch explosive Ausbrüche eines gasreichen Vulkans. Wir wandern bis zum Nordende des Parkplatzes bei der Talstation des Panoramalifts weiter. Hier überqueren wir die Straße und nehmen dann rechts den Weg bergab. Am Talboden angekommen, führt der Weg nun wieder auf den Gegenhang bergauf, wo wir rechts am Waldrand weiterwandern. Auf diesem Wegabschnitt eröffnet sich ein besonders schöner Blick auf die Ostseite der Burg, die nie eingenommen werden konnte. So wie sich die

Burganlage hier zeigt, gibt es sie schon seit dem 17. Jahrhundert.

Elisabeth Katharina Wechsler, nach ihrer Heirat Freifrau von Galler (1607–1672), auch „die Gallerin" oder „die schlimme Lisl"genannt, ließ die Befestigung angesichts der Bedrohung der Region durch die Türken ausbauen. Nach dem Zeugnis des kaiserlichen Feldmarschalls Raimondo Montecuccoli (1609–1680) war sie die „stärkste Festung der Christenheit" und in politisch unruhigen Zeiten sicherer Zufluchtsort für die Bevölkerung. Die Gallerin war jedoch nicht nur umsichtige Bauherrin, sondern auch in ihrem Privat- und Geschäftsleben eine für ihre Zeit außergewöhnliche Frau. Mehrmals verheiratet, sicherte sie sich in einem ihrer Eheverträge das Recht, über ihren Besitz zu verfügen und hatte – für die damalige Zeit ungewöhnlich – nur ein Kind. Die letzte Ehe ging sie mit einem über 30 Jahren jüngeren Mann ein, ließ sich aber – in damaligen Zeiten für eine Frau fast unmöglich – nach drei Jahren scheiden. Auch mit der Geistlichkeit stritt sie sich: Nachdem ein Pfarrer mit seiner Köchin im Bett ertappt wurde, ließ sie den Pfarrhof von 20 Bewaffneten stürmen und die Köchin kurzerhand verhaften und legte sich in Folge mit dem Klerus an. Ein anderes Mal erstritt sie das Recht, als Frau in der Kirche zu predigen.

Bekannt war die Burg auch für ausufernde Feste. Man weiß aus einer Fenstergravur im Rittersaal, dass sich hier zur Zeit des Geschlechts der Urschenbeck ein 20-tägiges Saufgelage zugetragen hat. Im Zuge der Hexenverfolgungen spielte die Riegersburg ebenfalls eine Rolle. So fiel die Frau des Burgvogtes, Katharina Paldauf (1625–1675), als „Blumenhexe" der Menschenjagd zum Opfer. Wegen ihrer besonderen Stellung auf der Riegersburg gewährte man ihr aber das „Privileg", vor der Verbrennung auf dem Scheiterhaufen getötet zu werden.

Nach diesem Blick auf die imposante Burganlage und deren Geschichte nehmen wir den Weg bergab bis zu einem Schuppen und wandern schließlich am Gegenhang wieder bergauf Richtung Ortszentrum. Auf der Höhe der Mittelschule schwenken wir nach links und

Schwierigkeit	leicht, Burgaufgang mittel
Länge	etwa 3,5 km, 40 hm
Gehzeit	rund 1 Stunde
Anreise	mit öffentlichen Verkehrsmitteln zum Bahnhof Feldbach, dann mit Bus 406 nach Riegersburg; mit dem Auto zum Parkplatz Riegersburg bei der Mittelschule (N46°00'05'' E15°56'15'').
Kulinarik	Wirtshaus Lasslhof, Tel. +43 (0)3153 71094, www.lasslhof.at
Infos	Die Riegersburg, Tel. +43 (0)3153 8213 (Burgkassa), www.dieriegersburg.at Tourismusverband Riegersburg, Tel. +43 (0)3153 8670, www.riegersburg.com

umrunden das Schulgebäude auf der Westseite. So kommen wir wieder zum Ausgangspunkt der Wanderung, dem Parkplatz, zurück. Nach dieser Runde um den Burgfelsen sollte man sich die Gelegenheit nicht entgehen lassen, hinter die geheimnisvollen Mauern der Burg zu blicken: Prachtvolle Säle und mehrere Museen wie das Waffenmuseum, das Hexenmuseum, die Ausstellung „Sagenhafte Riegersburg – legendäre Frauen" oder eine Greifvogelschau machen den Besuch zum Erlebnis. Unterhalb der Burg gegenüber der Tourismusinformation befindet sich der empfehlenswerte Lasslhof. Hier kann man genussvoll speisen und die Liebe zum Kochen und zu den dafür verwendeten Lebensmitteln schmecken.

Riegersburg
Unterwegs auf dem Genussweg

Eine „Schinkentafel" führt auf dieser Wanderung als Markierung zu schönen Aussichtspunkten und über die „Gölles-Schleife" zu hochgeistigen Köstlichkeiten.

Wir beginnen die Wanderung am Parkplatz in der Nähe der Mittelschule in Riegersburg und spazieren Richtung Schulgebäude, umrunden es auf der Westseite und nehmen danach den Weg rechts bergab. Vorbei an einem Schuppen geht es dann bergauf und schließlich am Waldrand entlang bis zur „Schinkentafel", die als verlässlicher Wegweiser auf dem „Riegersburger Genussweg" dient. Hier schwenken wir nach rechts und wandern leicht ansteigend auf einen Geländerücken hinauf, der in dieser Gegend als „Riedel" bezeichnet wird. Das sogenannte Riedelland ist eine Landschaft mit sanften Hügeln, die durch schmale Talmulden getrennt sind. Eine zweite Besonderheit dieser Region sind Landschaften vulkanischen Ursprungs, die zur Bezeichnung „Vulkanland" geführt haben. Zu diesen geologischen Besonderheiten gehört auch der Vulkanschlot der Riegersburg, der fast auf der ganzen Wanderung in Sichtweite ist.

Wir spazieren am Geländerücken nach rechts und anschließend links auf einem Waldpfad weiter bis zur

Genussvoll unterwegs auf den Riedeln des Vulkanlandes.

sogenannten Geisterkapelle. Es gibt mehrere Deutungen für den Namen dieser kleinen, einsam gelegenen Kapelle. So wird erzählt, dass ein Mann seine Frau zu Tode gequält haben soll. Danach seien Geister erschienen, infolgedessen habe der Mann diese Kapelle errichten lassen. Dann sei hier wieder Ruhe eingekehrt. Eine andere Geschichte berichtet von einem betrunkenen Burschen, der hier auf dem Heimweg immer wieder Geister gesehen haben soll.

Andere „Geister" treiben unweit davon ihr aromatisches Spiel: Darauf deutet der Wegweiser nahe der Kapelle in Richtung der Edelbrand- und Essig-Manufaktur Gölles hin. Wir nehmen den Waldpfad und kommen später auf eine Nebenstraße mit einem schönen

„Erzherzog-Johann-Haus", das den für diesen biedermeierlichen Baustil typischen Säulenvorbau aufweist. Diese Straße führt zur Gesslberg-Kapelle, wo wir kurz geradeaus Richtung Hatzendorf wandern. Danach schwenken wir rechts auf einen Pfad, der uns durch Obstbaumkulturen führt. Der Weg führt zur Manufaktur Gölles, die sich durch die Veredelung unterschiedlicher Obstsorten zu einem besonderen Genussplatz entwickelt hat. Ein wahrhaft innovatives Produkt des Hauses ist der Apfel-Balsamessig, wird doch Balsamessig gewöhnlich nur aus Trauben erzeugt. Höchste

Kreative „Sitzgelegenheit" am Feldrand.

Kleinparzellige Kulturen prägen die Ost- und Südoststeiermark.

Auszeichnungen kennzeichnen eine Reihe von Produkten der Manufaktur, die auch besichtigt werden kann. Eine Tour durch Österreichs größten Essigfasskeller und durch den Schnapskeller ist nicht nur für Liebhaber von feinen Essigen und edlen Bränden ein Erlebnis.

Von der Manufaktur aus erreichen wir durch eine Obstgartenanlage und später durch einen Wald – immer den Wegweisern des Genussweges folgend – den Talboden des Grazbaches. Hier schwenken wir zweimal nach rechts und wandern nahe an einem Bauernhof mit Alpakas vorbei. Es geht weiter leicht bergauf, bis wir schließlich den Gasthof „Wippls Hofbergstubn" erreichen. Weiter geht es nach links, wo wir auf einer Kuppe den höchsten Punkt des Riedels erreichen. Ab da geht es bergab, und ein paar Minuten später kommt man zu „Amtmanns Weinduftikum". Hier gibt es nicht nur Urlaub am Weinbauernhof und Ab-Hof-Verkauf von Wein, sondern man kann sich auch in einem kleinen Kino über die Geschichte des Weins informieren und zudem mittels einer eigens dafür gebauten „Duftmaschine" auch „an der Nase herumführen" lassen. In nächster Nähe befindet sich der Buschenschank Bernhart. Eine besondere Spezialität des Hauses ist der Barriqueschinken, den man auf der Terrasse mit schönem Riegersburgblick bei einem Glas Wein genießen kann. Bei dieser Köstlichkeit

Schwierigkeit	mittel
Länge	etwa 10 km, rund 280 hm
Gehzeit	3 Stunden
Anreise	mit öffentlichen Verkehrsmitteln zum Bahnhof Feldbach, dann mit Bus 406 nach Riegersburg; mit dem Auto zum Parkplatz bei der Mittelschule (N46°00'05" E15°56'15").
Kulinarik	Buschenschank Bernhart, Tel. +43 (0)3153 8379, www.buschenschank-bernhart.at Manufaktur Gölles, Tel. +43 (0)3153 7555, www.goelles.at

handelt es sich um einen steirischen Schinken, der in einem heimischen Eichenfass in Wein heranreift. Nun spazieren wir weiter bergab und treffen auf der Straße Hatzendorf–Riegersburg auf das „Kutscherstüberl". Hier gibt es regionale Speisen vom steirischen Backhendl bis zum hausgemachten Rindsgulasch, aber auch Grillspezialiäten wie Fische aus der Region und Steaks. Der Chef bietet auch Kutschenfahrten in die nähere Umgebung mit seinen Noriker-Pferden an. Wir wandern weiter bis zum benachbarten Restaurant Seehaus, schwenken davor rechts und nehmen gleich halblinks den Weg zwischen dem Seebad und einem Apfelgarten. Nach einem Linksschwenk der schmalen Straße kommen wir bergauf zum Ausgangspunkt der Wanderung zurück.

Infos Kutscherstüberl, Tel. +43 (0)664 5041946, www.kutscherstueberl.at
Seehaus, Tel. +43 (0)3153 72106, www.seehaus-riegersburg.at
Weinduftikum Amtmann, Tel. +43 (0)3153 7565, www.amtmann-urlaub.at
Wippls Hofbergstubn, Tel. +43 (0)3153 20060, www.hofbergstubn.at
Tourismusverband Riegersburg, Tel. +43 (0)3153 8670, www.riegersburg.com

3 Dörfl und Bergl
Vom Renaissanceschloss zur Schokoladenmanufaktur

Von der Umgebung aus kaum wahrnehmbar liegt Schloss Kornberg auf einem Kamm. Hier beginnt die Wanderung, die unter anderem zu einer bekannten Schokoladenmanufaktur führt.

Das Renaissanceschloss mit fünfeckigem Grundriss war ursprünglich als Sicherung der Riegersburg gedacht. Seit dem 19. Jahrhundert ist es im Besitz der Familie Bardeau, die Werften und Handelsgesellschaften in Triest betrieb und dadurch reich wurde. Das zweigeschossige Gebäude mit einem eleganten Renaissance-Innenhof ist Teil des Verbands „Schlösserstraße", der 41 historische Gebäude in der Steiermark, in Slowenien und Ungarn umfasst. Der Bau wird heute kulturell und touristisch genutzt. So finden hier ganzjährig Ausstellungen statt, speziell in der Weihnachtszeit und vor Ostern.

Kornberg gehört zum steirischen Grenzland, das seit dem Ende des Habsburgerreiches zu einer abgelegenen Region im „letzten Eck" des Landes wurde. Immer weniger Menschen wollten hier leben und arbeiten. Durch innovative Betriebsgründungen wie die der Vulcano-Manufaktur (siehe S. 34 ff.) wurde diese Gegend in den vergangenen

Schloss Kornberg bietet ein wunderschönes
Ambiente für Hochzeiten und mehr.

Jahren neu belebt und wandelte sich wieder zu einem le-
benswerten Ort.

Vom Schlosseingang aus wandern wir nordwärts, zunächst
dem Wegweiser „Schloss-Kornberg-Rundweg" (Wanderweg 17) folgend. Dieser Streckenabschnitt ist auch Teil
des Planetenweges rund um die Sternwarte Auersbach. So
gibt es hier eine Information zu Neptun, dem äußersten
Planeten unseres Sonnensystems. Nur wenig später lassen
wir den Weg nach rechts zum Weingut Dietl unbeachtet.
Ein Stück weiter auf dem Kogelberg gehen wir vor dem
Haus Nr. 79 leicht rechts auf den Wald zu, wo ein idyllischer Pfad beginnt. Nach dem Waldabschnitt erreichen
wir den Weiler Dörfl und biegen bei der Ortstafel rechts
in den Dörflergraben ab. Nach einem stimmungsvollen
Wegkreuz und einer scharfen Rechtskurve wandern wir

weiter bergab, wo wir vor dem ersten Haus einer Gebäudegruppe nach links schwenken. Hier wird zuerst ein Gerinne überquert, dann folgen wir diesem Weg etwa 100 Meter geradeaus und biegen dann im Wald rechts in einen Pfad ein, der bergauf führt. Bei einem Hochsitz gehen wir geradeaus, bis wir knapp vor der Straße Feldbach–Riegersburg den Wegweiser „Auf den Spuren der Vulkane" sehen. Nun biegen wir halblinks – gegen die Pfeilrichtung – in einen kurzen Waldpfad ab und erreichen gleich darauf die Straße. Hier gehen wir links und wandern vom Gasthaus Auer auf einem Gehweg Richtung Riegersburg, wo wir nach 600 Metern die Schokoladeria Zotter in Bergl 56 erreichen.

Hier erfährt man nicht nur Wissenswertes über Schokolade, sondern es gibt natürlich auch die Möglichkeit der Verkostung. In dem steirischen Betrieb wird die Schokolade „Bean-to-Bar" produziert, das heißt, alle Stufen des Produktionsprozesses geschehen vor Ort. Die Rohstoffe werden zu fairen Bedingungen angekauft und in Bio-Qualität produziert. Angeschlossen an die Schokoladenmanufaktur ist ein „Essbarer Tiergarten". Josef Zotters Philosophie ist es, Tiere nicht als Ware, sondern als Lebewesen zu sehen und sozusagen dem Essen in die Augen zu schauen. Auf dem Areal leben alte heimische Nutztierrassen wie Zottelrinder, Wollschweine sowie Sulmtaler Hühner und gedeihen vom Aussterben bedrohte Obst- und Gemüsesorten.

Gut bewacht wird
Schloss Kornberg.

Zurück zum Schloss Kornberg nehmen wir wieder den gleichen Weg bis zum Dörflergraben. Hier gehen wir beim ersten Haus der Gebäudegruppe nach links die Straße weiter und spazieren Richtung Süden bis zu einem Pferdeparcours. Nun nehmen wir die Zufahrt rechts bergauf zu einem Bauernhof, der den Reitverein Aramis beherbergt. Wir gehen auf der Westseite um das Gebäude herum und wandern an einem Hühnerbauernhof vorbei zum Weingut Dietl. Hier werden Weine nicht nur nach Rebsorte und Jahrgang, sondern auch

Schwierigkeit	mittel, etwa 120 hm
Länge	8,5 km
Gehzeit	rund 2,5 Stunden
Anreise	mit öffentlichen Verkehrsmitteln zum Bahnhof Feldbach, dann mit dem Taxi oder Auto zum Schloss Kornberg (N46°48′23″ E15°52′21″)
Kulinarik	Schlosswirt Kornberg, Tel. +43 (0)3152 2057, www.schlosswirt.com Schokoladenmanufaktur Zotter, Tel. +43 (0)3152 5554, www.zotter.at
Infos	Schloss Kornberg, Tel. +43 (0)664 5124224, www.schlosskornberg.at Schlösserstraße, Tel. +43 (0)664 9121903, www.schloesserstrasse.com Tourismusverband Riegersburg, Tel. +43 (0)3153 8670, www.riegersburg.com

nach ihrem „Charakter" klassifiziert. Daher hat jeder Wein auch einen eigenen Namen. Einige Meter später biegen wir links auf den uns schon bekannten Weg ab, der uns in rund zehn Minuten zum Schloss zurückführt. Hier ist gegen Voranmeldung eine Führung durch den Schlossherrn persönlich möglich. Ebenso kann im Moarhof die Ausstellung „Die kleine Welt der großen Schlösser" besichtigt werden. Nicht versäumen sollte man auch die Köstlichkeiten der regionalen Vulkanlandküche im wunderschönen Ambiente des Schlosswirts.

Auersbach
Von Venus zu Vulcano

Mit doppelter Lichtgeschwindigkeit unser Sonnensystem erkunden und luftgetrockneten Rohschinken zu verkosten, das ist auf einem Teilabschnitt des sogenannten HimmelErdenWeges möglich.

Vielleicht erinnert sich noch jemand an den Merksatz aus der Volksschule: „Mein Vater erklärt mir jeden Sonntag unsere neun Planeten." Um ganz korrekt zu sein: Im Jahr 2006 verlor Pluto seinen Status als Planet, er wird seither der Kategorie der Zwergplaneten zugeordnet – seitdem sind es nur mehr acht Planeten. Das stört uns aber nicht bei unserer „Erdenwanderung" zu zumindest sechs Vertretern dieser Himmelskörper. Die Entfernung zwischen der Sonne und den Planeten wird auf dieser Strecke im Verhältnis 1:1 Milliarde so verkleinert, dass man das Weltall sozusagen in knapp sechs Kilometern erwandern kann. Bei normalem Tempo bewegt man sich dabei quasi mit doppelter Lichtgeschwindigkeit durchs Sonnensystem. Die Erde ist in dieser maßstäblichen Darstellung nur 38 Zentimeter vom Mond entfernt.

Der Start erfolgt am Parkplatz vor der Sternwarte – also ganz „irdisch". Wir verbinden einen Teil dieses

Das Weltall in knapp sechs Kilometern erkunden –
der HimmelErdenWeg macht es möglich.

„HimmelErdenWeges" zusätzlich mit einer kulinarischen Station bei der Schinkenmanufaktur Vulcano, wo
man schauen, staunen und himmlisch schmausen kann.
Aber erst warten einige interessante Fakten über unser
Sonnensystem auf uns. Nach dem verkleinerten Maß-
stab befinden sich die innersten Planeten Merkur und
Venus im Zentrum der Anlage neben der Sternwarte. Dabei lernen wir Merkur als schnellsten Planeten
im Sonnensystem kennen, die Venus als Abend- und

Morgenstern. Über den Mars erfahren wir, dass er seine rote Farbe dem eisenhaltigen Mineral Hämatit verdankt, dass es auf seinen Polkappen Wasser gibt und seine höchste Erhebung 27 000 Meter beträgt.

Nach solch geballter Information ist es Zeit, sich auf den Weg zu einer kulinarischen Köstlichkeit zu machen. Wir gehen nun vom Parkplatz aus etwa 150 Meter auf der Straße nach Osten, biegen vor der Münzer-Kapelle links Richtung Bauernhof Münzer ab und folgen nun dem Wegweiser „HimmelErdenWeg" bzw. „Schinkenhimmel Vulcano" bis zur Schinkenmanufaktur. Unmittelbar vor dem Münzer-Hof nehmen wir den Weg bergab und erreichen durch den Wald die Straße von Feldbach nach Auersbach. Hier schwenken wir rechts, gehen etwa 50 Meter entlang der Straße und biegen dann gleich links ein. Vor dem Haus Nr. 98 nehmen wir nach links einen Feldweg, der dann bergauf in einen Waldpfad mündet. Bald erreichen wir auf einer Anhöhe eine Asphaltstraße und wandern nach rechts etwa 300 Meter bis zur Schinkenmanufaktur Vulcano in Eggreith weiter. Diese ist aus der Not und dem Erfindergeist einiger Landwirte dieser Region entstanden. Zu ihnen gehörte Franz Habel, der Gründer der heutigen Manufaktur. Irgendwann machte für ihn eine Landwirtschaft, die auf immer größere Einheiten und billigere Produkte setzte und dem Tierwohl immer weniger Augenmerk schenkte, keinen Sinn mehr. So begann er mit einer „anderen

Landwirtschaft", eine, in der Tiere wieder einen Namen und viel Platz haben sowie Futter aus der Region bekommen. Die Schweine sind teils im Freiland, teils in geräumigen Ställen untergebracht. Zudem wird auf ein natürliches, langsames Wachstum in einem gesunden Lebensumfeld und auf einen wertschätzenden Umgang mit ihnen Wert gelegt. Natürlich werden sie auch einmal geschlachtet – aber möglichst stressfrei. Das Endprodukt dieser Lebens- und Wirtschaftsphilosophie ist der „Vulcano", ein luftgetrockneter Schinken mit bis zu 36 Monaten Reifezeit. Über all das kann man sich in der Schinkenwelt im Rahmen eines Betriebsrundgangs informieren und die Erzeugnisse gleich an Ort und Stelle verkosten.

Wir verlassen den Hof Richtung Norden (Wegweiser „Rundweg über ‚Lavabräu' und ‚Heuriger Sterngucker'") und zweigen knapp vor der Tischlerei Haidinger links auf einen Feldweg ab. Durch den Wald geht es in den Engleitengraben bergab. Am Talboden angelangt, nehmen wir nach links die asphaltierte Straße. Die Schilder führen uns weiter, zuerst auf einem Wald-, dann auf einem Feldweg bis zu der Abzweigung zur Agentur „Spirit of Regions". Sie bietet geführte Wanderungen durchs Vulkanland an. Gleich dahinter befindet sich Saturn, der Planet mit dem Ringsystem. Wir spazieren weiter bis zur Bio-Brauerei Lava Bräu, wo wir am Ende von zwei Industriegebäuden – den Wegweisern „Zum Heurigen Sterngucker" und „Sternwarte" folgend - rechts eine Brücke erreichen. Von der aus kommen wir wieder zur Straße, die uns bergauf zur Sternwarte bringt. Vorbei an Jupiter, dem größten Planeten unseres Sonnensystems, kommen wir zum Ausgangspunkt unserer Wanderung zurück. Hier kann man im Heurigen „Zum Sterngucker" auf regionale Köstlichkeiten aus Küche und Keller einkehren.

Schwierigkeit	leicht
Länge	rund 6 km, 80 hm
Gehzeit	etwa 1,5 Stunden
Anreise	mit öffentlichen Verkehrsmitteln Bahnhof Feldbach, von hier mit dem Bus 406 nach Wieden (Auersbach), von dort zu Fuß einen Kilometer bis zur Sternwarte; mit dem Auto zum Parkplatz bei der Sternwarte (N47°00'31" E15°52'04")
Kulinarik	Heurigenschenke Zum Sterngucker, Tel. +43 (0)3114 2176 und +43 (0)664 8215705, www.zumsterngucker.at Bio-Brauerei Lava Bräu und Whiskymanufaktur, Tel. +43 (0)3152 8575 201, www.lavabraeu.at Schinkenmanufaktur Vulcano, Tel. +43 (0)3114 2151, www.vulcano.at
Infos	Museum im Tabor, Tel.: +43 (0)664 64 123 27, www.tabor-feldbach.at Spirit of Regions, Tel: +43 (0)664 9682882, www.spiritour.at

Will man mehr über das Leben der Menschen in der Südoststeiermark erfahren, so empfiehlt sich ein Abstecher ins Museum im Tabor in Feldbach. In diesem Universalmuseum bekommt man Einblicke, beispielsweise in die Geologie der Region, in die Archäologie, Volkskunde und Zeitgeschichte. Auch ein Fischerei-, Feuerwehr- und Schneidermuseum ist integriert.

Sternwarte Auersbach, Tel. +43 (0)664 4231233,
www.vulkanlandsternwarte.at
(Führungen gegen Voranmeldung)

Fehring
Geschichte trifft Moderne

Kuruzzen, Tschartaken und dem „Vater" der Wetter-satelliten begegnen wir auf der Wanderung in und rund um das Städtchen Fehring.

Die Strecke orientiert sich großteils an der vom Touris-musverband Fehring angelegten Buschenschankrunde (BS-Runde). Wir starten jedoch unweit von Schloss Stein bei der Kapelle in Petzelsdorf, die anlässlich des 60-jähri-gen Regierungsjubiläums von Kaiser Franz Joseph im Jahr 1908 erbaut wurde. Nun geht es zu dem kleinen Kreisver-kehr, von dem aus wir dem Wegweiser „BS-Runde" (Bu-schenschankrunde) beziehungsweise „Kuruzzenschenke" geradeaus folgen. Den ersten Seitenweg nach links las-sen wir unbeachtet, der zweite, eher versteckte Pfad führt bergauf durch den Wald bis zur Buschenschank Kahr, die herzhafte Jausen anbietet. Nach etwa 250 Metern kommt man zu einer Kreuzung, von der linkerhand bergab ein Weg zur Buschenschank Matzhold führt.
Der weitere Weg führt von der Kreuzung geradeaus bergauf Richtung Kuruzzenschenke. Kurz darauf er-reicht man eine Stelle, von der sich ein schöner Blick bis zum Steirischen Randgebirge hin öffnet. Von hier aus sind auch die Riegersburg, Schöckl, Kulm sowie

Rund um den Kuruzzenkogel trifft Landwirtschaft auf Kultur.

der Rabenwaldkogel zu sehen. Ein Stück weiter kommen wir zum vielfach prämierten Obsthof Glanz-Pöltl. Mostschenke, Verkostungsraum und Hofladen laden zum Verweilen ein. Bei der nächsten Kreuzung ist ein Abstecher in eine historische Kellergasse und zu „Birgits Waldcafe" möglich. Wir schwenken nach links und erreichen bald die Kuruzzenschenke knapp unterhalb des Kuruzzenkogels (440 m), des Fehringer Hausbergs. Hier kann man nicht nur schmackhaft jausnen, auch der Blick zu Schloss Kapfenstein und zur Riegersburg ist beeindruckend.

Hinter der Kuruzzenschenke führt ein Pfad, der auch ein Kreuzweg ist, auf den Kuruzzenkogel (Wegweiser

Farbenspiel der Farne am Wegesrand.

Kapfenstein). Der Weg endet nach etwa zehn Minuten am Kogel bei einer Kapelle. Die Namensgeber für Schenke und Kogel, die Kuruzzen, waren einst Rebellen, die sich gegen die Habsburger erhoben und vor allem aus der Bauernschaft und dem niederen Adel Siebenbürgens und Ungarns stammten. Die Herkunft des Namens ist nicht geklärt, meist führt man diese Bezeichnung auf das türkische Wort Khuruds (= Aufständische) zurück. Auch in der Gegend von Fehring verbreiteten diese zwischen 1704 und 1711 Angst und Schrecken. Zum Schutz gegen sie errichtete man zwischen Fehring und Kapfenstein einen Verteidigungswall, auch Kuruzzenschanze genannt. Er bestand aus Verhauen, Erdwällen, Palisaden und Wachttürmen auf den Bergen, sogenannten Tschartaken. Zwischen

Fürstenfeld und Fehring existierten 18, zwischen Fehring und Radkersburg 13 solcher Türme. Sie dienten schon seit den Türkeneinfällen zur Abgabe von Warnschüssen sowie zur Weitergabe von optischen Signalen in Form von sogenannten Greitfeuern, die das Herannahen feindlicher Truppen ankündigten. Im etwa sieben Kilometer entfernten Hohenbrugg an der Raab kann man direkt an der Raab eine Rekonstruktion einer solchen Tschartake besichtigen.

Mit dem Kuruzzenkogel haben wir den höchsten Punkt der Wanderung erreicht. Um zurück nach Petzelsdorf zu gelangen, folgen wir von der Schenke aus einfach dem Wegweiser nach Fehring und erreichen bald darauf die Siedlung Burgfeld. Es geht weiter bergab bis zu einem Wirtschaftsgebäude auf der linken Straßenseite. Davor biegen wir links in einen Waldweg (Wegweiser Fehring, Weitwanderweg 07) ein, kommen an einer kleinen Waldkapelle vorbei und wandern bergab bis zum eingezäunten Hochbehälter Fehring. Nun gehen wir nicht geradeaus weiter, sondern entscheiden uns für den Waldpfad leicht links (ohne Wegweiser und Markierung), dem wir bis knapp vor einer Rechtskurve bei einem Schuppen folgen. Davor nehmen wir einen der Pfade den Wald bergab und erreichen am Talgrund den asphaltierten Nestelbachweg. Nun schwenken wir nach rechts, wandern talauswärts und biegen bei einer Straßenlaterne nach links in den Pausch-Weg ab. Dieser führt bergauf bis zum Haus Nr. 95, wo wir knapp danach bei der nächsten Kreuzung rechts den Schnepf-Bergweg nehmen. Hier geht es noch ein Stück bergab bis zur nächsten Gabelung, wo wir uns rechts halten und nach etwa 300 Metern wieder unseren Ausgangspunkt bei der Petzelsdorfer Kapelle erreichen.

Nach dieser Zeitreise in die Ära der Kuruzzen machen wir beim Gerberhaus in der Stadtmitte einen Abstecher in die Moderne: Das Regionalmuseum beherbergt neben wechselnden Präsentationen auch die sehenswerte Dauerausstellung „Nordberg – der Weg in den Weltraum". Der in Fehring geborene Physiker Wilhelm

5

Schwierigkeit	leicht
Länge	etwa 6 km, 160 hm
Gehzeit	rund 2 Stunden
Anreise	mit öffentlichen Verkehrsmitteln zum Bahnhof Fehring, mit dem Auto Parkplatz bei der Kapelle in Petzelsdorf (N46°55′47″ E15°59′52″).
Kulinarik	Altes Wirtsheus Veringa, Tel. +43 (0)3155 21012, www.veringa.at
Infos	Führungen in der Berghofer Mühle, Tel. +43 (0)3155 2222, www.berghofer-muehle.at Gerberhaus, Tel. +43 (0)3155 2303-0, www.fehring.at/gerberhaus Tourismusverband Fehring, Tel.+43 (0)3155 2303321, www.fehring.at

Nordberg (1930–1976) ging als Forscher in die USA, wo er als wissenschaftlicher Leiter des LANDSAT-Programms der NASA die Zusammenarbeit von mehr als 300 Wissenschaftern aus 38 Ländern koordinierte. Die Fachwelt bezeichnet ihn als „Vater" der Fernerkundungs- und Wettersatelliten. Unweit des Stadtzentrums befindet sich außerdem die Berghofer Mühle, wo man im Rahmen einer Erlebnisführung die Verarbeitungsprozesse kennenlernen und Produkte verkosten kann. Wer traditionelle Gerichte sowie moderne kulinarische Kreationen gleichermaßen schätzt, sollte nicht versäumen, im Alten Wirtshaus Veringa einzukehren.

Kapfenstein
Inmitten eines alten Vulkans

Auf einem Geo-Trail erfährt man in Kapfenstein allerhand Interessantes über die spektakuläre Geschichte der alten Vulkanlandschaft.

Wir beginnen unsere Wanderung beim Kapfensteinerhof, wo man bei der ersten Station des Geo-Trails gegenüber dem Gasthaus einen Überblick über den Routenverlauf bekommt, der uns auf elf Infotafeln die Vorzeit dieser Region nahebringt. Nachdem sich der Rest eines urzeitlichen Ozeans zurückgezogen hatte, brachen hier mehrere Vulkane aus. Einer davon war der Kapfensteiner Vulkan, durch den die Route führt – aber keine Sorge, ein Ausbruch ist nicht zu befürchten. Nun spazieren wir bergauf an Kindergarten sowie Schule vorbei und erreichen vor der Kirche die Station 2. Ein „Fernrohr" ermöglicht einen Blick auf die ehemaligen Lavaströme am nahen Stradner Kogel. Man erfährt, wie die Landschaft während und nach der letzten Eiszeit langsam ihr heutiges Gesicht bekommen hat. Von hier aus gehen wir ein paar Schritte zurück und biegen dann links zur Station 3 ab. Nun steht man mitten im Schlot des alten Vulkans, wo man im Felsen dahinter Tuff, Asche, Mergel und andere Ablagerungen vorfindet.

In der Gruft der Herz-Jesu-Kapelle ruhen
die einstigen Herren von Kapfenstein.

Danach geht es ein paar Stufen bergauf, bevor der Weg
rechts zum Schloss Kapfenstein abzweigt.
Die auf dem Basaltkogel gelegene Anlage war schon im
11. Jahrhundert eine Grenzfestung gegen die Magyaren.
Seit 1916 ist das herrschaftliche Gebäude im Besitz der
Familie Winkler-Hermaden, die hier eine Landwirtschaft,
ein kleines Hotel und ein Restaurant betreibt. Nun geht
es geradeaus weiter zur Station 4. Eine Aussichtsplattform
ermöglicht einen Blick zum Vulkan von Gleichenberg,

Schloss Kapfenstein, einst Grenzfestung gegen die Magyaren.

dessen Ausmaße riesig waren. Er erhob sich 1 500 Meter über dem Meeresgrund und bedeckte eine Fläche von 30 x 40 Kilometern. Als der Meeresboden sich später senkte, wurde der Vulkan zugeschüttet, und so kann man heute nur mehr die obersten Bereiche in Gestalt des Gleichenberger Kogels (598 m) und des Bschaidkogels (563 m) sehen. Die fast gleichen „Berge" gaben auch dem Ort Gleichenberg seinen Namen. Nun spazieren wir weiter zur Station 5, wo man sich am Rand eines neuen Kraters befindet. Nachdem sich der Schlot des ersten

Vulkans verschlossen hatte, der Druck dadurch im Inneren wieder stieg, entstanden ein neuer Förderschlot und ein neuer Krater. Geradeaus erreichen wir die Station 6, wo die unterschiedlichen Ablagerungen eines Vulkans erläutert werden. Folgt man dem Waldpfad, kommt man zur Station 7, wo ein „mikroskopischer" Blick typisch basaltische Minerale erkennen lässt. Auf dem weiteren Weg ergibt sich eine schöne Aussicht auf die Riedellandschaft, auf ein charakteristisches Muldental, eine Talform mit flachen Hängen, und auf die Riegersburg. Durch ein Holztor kommt man zur Station 8 mit einem „Fernrohr" in

Herbst im Weingarten.

Gesteinsschichten, entstanden durch vulkanische Eruptionen.

Richtung Riegersburg. Diese Festung, auf einem Basalt-
härtling gebaut, einem erstarrten Vulkanschlot, konnte weder von den Ungarn noch von den Türken erobert
werden. Vor uns befindet sich jetzt die Herz-Jesu-Kapelle, in deren Gruft sich die Schlossherren von Kapfenstein
begraben ließen. Leicht rechts führt der weitere Weg zur
Station 9, früher ein Schlot des jüngeren Vulkans von
Kapfenstein. Im Felsen dahinter zeigt sich Schottergestein,
das in einer späteren erdgeschichtlichen Phase ein Alpen-
fluss bis hierher transportiert und abgelagert hat. Wir
wandern nun weiter links um einen Weingarten herum
bis zu einem Holztor, durch das wir bergab die Station 10
erreichen. Hier erfährt man etwas über das hellgrüne Mineral Olivin, das auch namensgebend für einen besonders

kräftigen Rotwein des Weingutes Winkler-Hermaden ist. Stufen führen nun weiter bergab zur Station 11, bei der man im Steinbruch dahinter Schichten sehen kann, die bei einzelnen Eruptionsereignissen abgelagert wurden. Bei jedem dieser Auswürfe wurden sage und schreibe rund 500 000 Kubikmeter Material in die Luft geschleudert. Nach diesem geologisch spektakulären Platz erreichen wir die Zufahrtsstraße zum Schloss. Von dort geht es weiter bergab zum Ausgangspunkt dieser Wanderung durch eine alte Vulkanlandschaft. Wer sich noch spezieller für die erdgeschichtliche Entwicklung der Region interessiert, dem sei das Museum „Geo-Info Kapfenstein" im Gemeindeamt empfohlen. Was es mit der „Vulkanlandrose" auf sich hat, kann man sich dort erklären lassen.

6

Schwierigkeit	leicht
Länge	etwa 2 km, 80 hm
Gehzeit	rund 1 Stunde
Anreise	mit öffentlichen Verkehrsmitteln Bahnhof Fehring, von hier mit dem Bus 409 nach Kapfenstein; mit dem Auto nach Kapfenstein, Parkplatz im Ortszentrum (N46°53′22″ E15°28′43″).
Kulinarik	Kapfensteinerhof, Tel. +43 (0)3157 30014, www.kapfensteinerhof.com Restaurant Schloss Kapfenstein, Tel. +43 (0)3157 300300, www.winkler-hermaden.at/hotel-restaurant

Klöch
Der Duft der Rose

Kennzeichnend für den Klöcher Traminer ist sein unverkennbarer Rosenduft. Diese edle Blüte und neben „weißen Füßen" auch der Wegweiser „Traminerweg" machen die Orientierung rund um den Hochwarth leicht.

Ausgangs- und Schlusspunkt dieser Wanderung mit einer Reihe von Kraftplätzen – sogenannten Geomantiepunkten – ist die Vinothek Klöch. Von hier folgen wir den „weißen Füßen", das sind Bodenmarkierungen in Fußform und dem Rosensymbol bis zum Marktplatz, nehmen dort kurz den Gehweg an der Straße Richtung Radkersburg und biegen dann links in den beschilderten „Traminerweg" ein, der uns auf den Ölberg bringt. Von hier geht es bis zu einer alten Presse weiter, wo wir nach links abzweigen und dann auf ein sogenanntes Kellerstöckl treffen. Dieser Gebäudetyp ist ein in der Weinwirtschaft gebräuchlicher Nutzbau, meist in schräger Hanglage und mit einem Keller sowie einstöckig – daher der Name. Den hier angebrachten Spruch „Geh hinein und schenk dir selber ein" sollte man hier wirklich beherzigen. Danach geht es links bergauf bis zu einer Häusergruppe, bei der man scharf nach rechts

Unverkennbar für den Traminer ist der feine Rosenduft im Glas.

schwenkt. Vorbei am Klapotetz Klinzl erreicht man auf einem Wiesenweg den Talgrund bei der Klinzlbachbrücke, nach der wir links weiterwandern. Nahe vorbei am Geomantiepunkt „Engelsplatz" kommen wir wenig später knapp unterhalb des Winzerhofes Klöckl zur Straße Radkersburg–St. Anna. Wir überqueren sie und wandern halblinks bis zum Weingut Gschaar

Nährstoffreiche Böden und das Klöcher Mikroklima
begünstigen den Traminer.

weiter. Oberhalb des Hofes biegt man nach rechts, wo
der Wanderweg zwischen Rebzeilen weiter bis zur Straße Radkersburg–St. Anna führt. An dieser nehmen wir
den Gehweg nach rechts bis zum Weinlandhof, wo
wir links bergauf gehen und eine Mini-Aussichtsplatt-
form erreichen. An dieser schwenken wir nach links
und kommen beim Atelier Guttmann an lebensgro-
ßen Holzskulpturen vorbei. Auf dem weiteren Weg hat
man mehrmals einen Blick auf den Klöcher Basaltstein-
bruch. Vor zwei bis fünf Millionen Jahren – im Pliozän
und Pleistozän – gab es in Klöch vulkanische Aktivi-
täten. Der dadurch entstandene Basaltboden ist einer

der Grundlagen für den besonderen Charakter des Klöcher Weines. Vor einer Kuppe führt uns ein Wegweiser nach links zum Traminersteig. Hier geht es über einige Stufen, bevor man über diesen Pfad wieder die Straße beim Weinbau Wonisch erreicht. Nun schwenken wir nach links und steuern nach ein paar Metern links zwischen zwei Häusern eine weitere Aussichtsplattform mit einem schönen Blick nach Osten an. Weiter geht es bis zum „Hotel zur schönen Aussicht", dann geht der Wanderweg links über das Weingut Müller bis zum Weingut Giessauf-Nell, wo wir vor dem Haus rechts den Pfad bergab nehmen. Dieser führt uns schließlich

zur Burgruine. Sie wurde im 14. Jahrhundert als Grenzfestung erbaut, erhalten ist ein mächtiger Wohnturm.
Ganz oben bietet eine Plattform Aussicht für „Ins-
Land-Gucker" und Platz für diverse Veranstaltungen
wie Lesungen, Jazz, Theater oder Weinverkostungen.
Von der Ruine führt nun ein recht steiler Pfad zurück
ins Ortszentrum, wo wir an der Kirche vorbei wieder
die Vinothek erreichen. Will man sich nach der Wanderung erfrischen, empfiehlt sich am Marktplatz ein
abkühlendes Wassertreten im Kaltwasserfußweg des
Klausenbachs. Auf einem kurzen Kiesweg kann man
die verschiedenen Fußreflexzonen aktivieren. In der
Vinothek gibt es eine große Auswahl von Weinen, im
Zentrum steht natürlich der „Klöcher Traminer". Der

7

Schwierigkeit	mittel
Länge	etwa 7 km, 120 hm
Gehzeit	rund 2,5 Stunden
Anreise	mit öffentlichen Verkehrsmitteln Bahnhof Halbenrain, von hier mit dem Bus 577 nach Klöch; mit dem Auto zum Parkplatz in Klöch (N46°53'22" E15°28'43").
Kulinarik	Gasthof Palz, Tel. +43 (0)3475 2311, www.gasthof-palz.at
Infos	Tourismusinformation Bad Radkersburg, Tel. +43 (0)3476 2545-0,

Namensgeber der Rebe, die eine etwas festere Schale hat, bezüglich des Bodens sehr anspruchsvoll ist und nährstoffreiche, kalkfreie Vulkanböden aus Basalt- und Tuffstein liebt, ist der Ort Tramin in Südtirol. Gemeinsam mit dem Klöcher Mikroklima ist der Boden die Basis für diesen Wein mit einer milden Säure, dessen Aroma an Rosen, Dörrobst oder Rosinen erinnert. Spätestens jetzt – wenn man nicht schon vorher in einer Traminer-Schenke eingekehrt ist – ist es höchste Zeit, diesen besonderen Tropfen zu verkosten. Möchte man etwas Gutes dazu essen, empfiehlt sich der Gasthof Palz in den Klöcher Weinbergen. Neben den traditionellen Schmankerln sucht das knusprig goldbraune „Palz-Hendl" weit und breit seinesgleichen.

www.badradkersburg.at/kloech
(Wanderkarte bei Gästeinfo Klöch, Klöch 110)
Vinothek Klöch, Tel. +43 (0)3475 2097,
www.vinothek-kloech.at
Monatliche, geführte Vollmondwanderungen ab der Vinothek mit alternierenden Routen. Einmal im Jahr ist eine Vollmondlese beim Weingut Klöckl, Kontakt: Frau Lerner, Tel. +43 (0)664 4263176. Im Anschluss daran kann man auch im Weingut übernachten.

8

Straden
Dem Himmel nah

**Vier Kirchen und drei Kirchtürme prägen den Wall-
fahrtsort Straden. Außerdem „wohnt" hier „die Himmelsbergerin".**

Wir beginnen die Wanderung bei der Aussichtsplattform auf dem Stradener Kirchberg, von wo sich ein
schöner Blick Richtung Osten ins Steirische Vulkanland
eröffnet. Eine Informationstafel gibt eine gute Orientierung über die Wandermöglichkeiten in der näheren
Umgebung. Nun spazieren wir wenige Meter Richtung
Süden, schwenken auf der Höhe des Informationsbü-
ros nach rechts und gehen entlang der Wehrmauer, an
der eine in Stein gravierte, historische Sonnenuhr aus
dem Jahr 1521 zu sehen ist, bergab. Ein Stück weiter unten erfährt man auf den Informationstafeln des
Straden-Rundganges Interessantes über die landschaftliche Entwicklung der Region, beispielsweise, dass hier
vor 12 Millionen Jahren das Urmeer Tethys alles bedeckte. Bei den am Weg sichtbaren Schotterablagerungen
handelt es sich um Sedimente von einst ins Meer mün-
denden Flüssen. Später begann sich diese Region infolge
der alpinen Gebirgsbildung zu heben, Flüsse schnitten
sich in die Ablagerungen ein und heute sind nur mehr

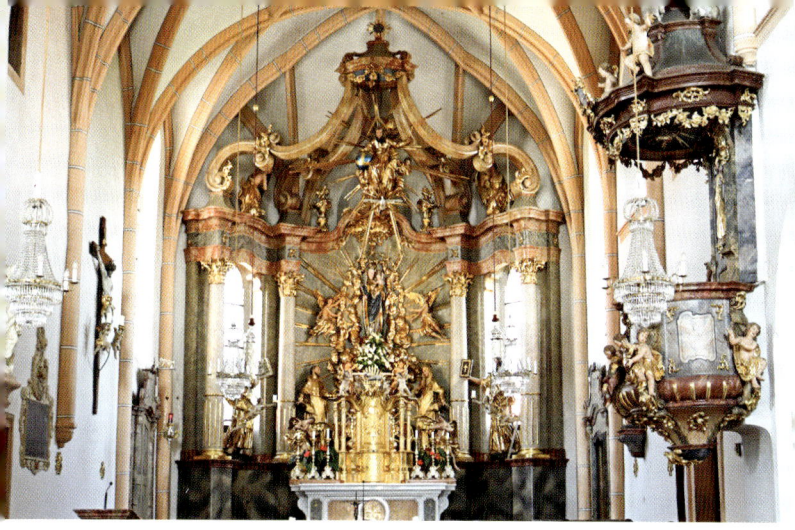

Das Gnadenbild der „Himmelsbergerin"
schmückt den Hochaltar der Pfarrkirche.

Restbestände dieser Schotterebenen zu sehen. Auf einer
von diesen liegt der heutige Ort Straden. Nach der Raiffeisenbank gehen wir an der Kreuzung links und dann
bei der Mittelschule sofort rechts Richtung „Saziani
Stub'n". Nach dem Malerbetrieb Leitgeb schwenken wir
links in einen Waldpfad ein und folgen ab nun auf weiten Strecken dem „Lebenskraftweg". Es geht durch den
Wald bergab, bis man auf eine schmale Asphaltstraße
trifft. Wir nehmen diese nach rechts und passieren rechter Hand ein provinzialrömisches Hügelgräberfeld. Etwas später kommen wir zu einem kreativ gestalteten
Anwesen mit einem Baumhaus auf der linken Straßenseite, wo man in einem „Künstlerzimmer" in absoluter

Ruhelage nächtigen kann. Ein Stück weiter bei einer Pestsäule aus Stein wandern wir den „Lebenskraftweg" nicht links weiter, sondern zweigen auf eine markierte Abkürzungsvariante rechts ab. Nach etwa 100 Metern schwenken wir noch einmal nach rechts (rot-weiß-rote Markierung), wandern zuerst auf einem Feldweg und dann im Wald, bis wir wieder auf den „Lebenskraftweg" treffen. Hier geht es nach etwa 50 Metern scharf nach links. Wir folgen dem gut beschilderten Themenweg durch den Wald bis zur Sportanlage auf der linken Seite. Hier verlassen wir den „Lebenskraftweg" und gehen links geradeaus bis zur Straße Muggendorf-Straden. Nun biegen wir scharf rechts ab (Wegweiser „In die Mitte"). Gut 100 Meter weiter führt halbrechts ein

Zeugnisse alten Handwerks sind beim Bulldogwirt versammelt.

Weg bergauf zum sogenannten Sazianikreuz. Auf der Kuppe finden wir einen grandiosen Aussichtspunkt mit einem 360-Grad-Rundblick über die Region und einen Platz zum Verweilen.

Für den Weg zurück in den Ort öffnen wir das Gattertor und gehen durch den Weinberg bergab. So erreichen wir wieder die Straße, die wir schon vom Beginn der Wanderung kennen. Nun gehen wir wieder in das Dorf zurück, um das Ortszentrum und die Kirchen zu besichtigen. Die Pfarrkirche Maria am Himmelsberg ist eine ursprünglich romanische dreischiffige Anlage mit einem gotischen Langhaus. Beachtenswert im Inneren der Kirche ist das Gnadenbild der „Himmelsbergerin", eine gotische Marienstatue aus dem Jahr 1520 am Hauptaltar. Verlässt man die Kirche durch das Westportal, kommt man auf dem Weg zur etwas weiter südlich gelegenen Doppelkirche an einer mehr als 250 Jahre alten Atlaszeder vorbei. Sie wurde seinerzeit wegen der Namensgleichheit von einem Pfarrer namens Georg Cedermann (1759–1783) gepflanzt. Die Doppelkirche ist noch in den ummauerten Kirchhof integriert, der die Bewohner vor den Einfällen der Heiducken und Kuruzzen schützte. In der Sebastianikirche sind die sogenannten „Stradener Flechtwerksteine" aus dem frühen Mittelalter ausgestellt, die bei Arbeiten im Pfarrhof gefunden wurden. Das Altarblatt der Kirche zeigt den hl. Sebastian inmitten der Vierzehn Nothelfer. In der

Unterkirche „Zur Schmerzhaften Muttergottes", deren Decke Malereien mit Szenen aus dem Neuen Testament schmücken, ist über dem Tabernakel eine schöne Pietà zu sehen. Am Ende der Schulgasse, am höchsten Punkt von Straden, befindet sich die Florianikirche, eine Saalkirche aus dem 17. Jahrhundert mit spätbarocker Innenausstattung. Der Hochaltar zeigt den hl. Florian, wie er mit einem Segensgestus sich den Flammen eines brennenden Rauchfangs entgegenstellt. Der Sage nach soll ein Ritter, der sich hier auf der Flucht vor der feindlichen Belagerung mit seinem Pferd unbeschadet in die Tiefe stürzte und so entkommen konnte, den Bau der Kirche gelobt haben.

8

Schwierigkeit	leicht
Länge	rund 5,5 km, 60 hm
Gehzeit	etwa 1,5 Stunden
Anreise	mit öffentlichen Verkehrsmitteln Bahnhof Feldbach, von hier mit dem Bus 416 nach Straden; mit dem Auto zum Parkplatz beim Friedhof Straden (N46°48'23" E15°52'21"). Kurzer Fußweg ins Ortszentrum.
Kulinarik	BULLDOGwirt, Tel. +43 (0) 3473 8267, www.bulldogwirt.at
Infos	Tourismusverband Region Bad Gleichenberg, Tel. +43 (0)3159 2203, www.bad-gleichenberg.at Übernachten im Künstlerzimmer, Tel. +43 (0)664 1106587, www.kuenstlerzimmer.at

Will man die Vielfalt der lokalen kulinarischen Produkte kennenlernen, sei ein Besuch der Greißlerei De Merin empfohlen. An die Rundwanderung und die Besichtigung des Kirchbergs schließt man am besten einen Wirtshausbesuch beim Bulldogwirt an. Im schattigen Gastgarten unter alten Kastanienbäumen kann man steirische Schmankerl sowie regionale Säfte und Weine genießen. Zugleich ist man mitten im „Museum nostalgisches Landleben", das mit einem Sammelsurium an Gerätschaften einen anschaulichen Überblick über das bäuerliche Leben des letzten Jahrhunderts gibt.

Leibnitz, Frauenberg und Seggau

Ein alter Kultplatz und ein bischöfliches Schloss

In einer Region, in der sich schon Kelten und Römer wohlfühlten und Bischöfe ihre Sommerresidenz hatten, sind deren Geschichte(n) noch heute zu erleben.

Die Innenstadt von Leibnitz, auf Slawisch *lipanizza*, also „Lindenort", ist der Ausgangspunkt dieser Wanderung durch eine alte Kulturlandschaft. Der langgestreckte Hauptplatz mit dem denkmalgeschützten Rathaus, der Stadtpfarrkirche und der Mariensäule lädt eigentlich zum Flanieren ein, doch wir steuern Frauenberg und das Schloss Seggau an. Wir verlassen den Platz und schwenken an dessen Ende beim ältesten Kapuzinerkloster der Steiermark links in die Kada-Gasse und dann gleich rechts in die Klostergasse. An Kino und Schulen vorbei kommen wir bis knapp vor das JUFA-Hotel. Hier biegen wir zuerst links und nach 50 Metern rechts ab und überqueren auf einem Steg den Ledererbach. Gleich anschließend nehmen wir links den Parkweg entlang der Sportanlagen bis zur Sulmbrücke, überqueren diese und wandern links auf dem Gehweg der Rettenbachstraße

Das Ensemble von Schloss Seggau, im Bild das Oberschloss.

weiter bis vor einen Bildstock. Hier biegen wir rechts in die Weinbachstraße ein und nach 50 Metern rechts in den Buchackerweg. Dieser mündet nach wenigen Metern in einen Pfad, der uns bergauf zu einem ehemaligen keltischen Kultplatz und einem antiken Gräberfeld führt. Von hier aus gehen wir auf die Frauenberger Kirche zu. Diese Wallfahrtskirche, die bis ins 12. Jahrhundert zurückgeht, wurde nach einem Kirchenbrand im 17. Jahrhundert neu gebaut. Ihre Fresken stammen aus dem 18. Jahrhundert: So zeigt die Kuppel über der Orgel Judith mit dem Haupt des Holofernes, das Hauptbild König Salomo mit der Königin von Saba.

Mit dem hinter der Kirche liegenden Tempelmuseum hat Frauenberg eine weitere Attraktion. Es steht an einem besonderen Kraftplatz auf den Grundmauern eines römischen Tempels. Zwischen 450 v. Chr. und Christi Geburt entwickelte sich hier auf dem Berg eine Siedlung namens Alt-Solva, die um 15 v. Chr. in das nahe Wagna verlegt wurde und als Flavia Solva bezeichnet wird. Ab 70 n. Chr. wurde Frauenberg zu einem religiösen Zentrum mit einem Tempel, der wahrscheinlich der keltischen Götting Isis-Noreia geweiht war. Archäologische Grabungen mit Fundstücken aus der Jungsteinzeit bis ins frühe Mittelalter belegen eine Siedlungskontinuität von mehr als 6 000 Jahren. Man fand beispielsweise Statuetten einer stillenden Göttin, eine lebensgroße Merkurstatue sowie keltische Goldmünzen.

Mit Blick auf Schloss Seggau verlassen wir Frauenberg und nehmen den Weg zwischen dem Gasthof Moser und dem Bauernhof Adam. Bergab vorbei am Kalvarienberg erreichen wir den Gehweg neben der Straße, der uns ans Ziel bringt. Der Landschaftssporn von Seggauberg, auf dem wir uns nun befinden, wurde einst vom Sulmfluss so geformt. Hier führte ein alter Handelsweg von Ungarn Richtung Italien vorbei. Dieser günstigen, uneinnehmbaren Lage verdanken wohl das frühe keltische Oppidum auf dem Frauenberg und auch das Schloss ihre Entstehung. Wir kommen an der Westseite des Schlosses zum Haupteingang, der sich in den ehemaligen Wirtschaftshof öffnet. Der heutige Bau bestand ursprünglich gleich aus drei Burgen beziehungsweise Schlössern. Zwei Burgen, die Verwaltungsburg der Salzburger Erzbischöfe und die Bischofsburg der Seckauer Bischöfe im heutigen Oberschloss, waren durch eine Mauer getrennt. Der untere Teil des Schlosses, heute das Herzstück mit Kongress- und Tagungsbetrieb, war einst der Wirtschaftshof mit Stallungen und landwirtschaftlichen Gebäuden. Seit dem 16. Jahrhundert gehört die ganze Anlage zum Bistum Seckau. Bis ins 20. Jahrhundert war Seggau der Sommersitz der steirischen Bischöfe.

Das Oberschloss, vom unteren Teil heute durch einen markanten Glockenturm getrennt, war bereits im 12. Jahrhundert eine Verwaltungs- und Missionsstation der Salzburger Erzbischöfe. Hier sind an einer Wand Römersteine aus den Gräberfeldern von Flavia Solva eingemauert. Mehrere bemerkenswerte zeitgenössische Kunstwerke sind im unteren Teil des Schlosses zu sehen. Dazu zählen in der Michaelskapelle die Kreuzdarstellung „Christus das geopferte Lamm" von Alexander Silveri (1910–1986), die Betonglasfenster „Christus, König der Ewigkeit" von Alfred Wickenburg (1885–1978) und die grafische Darstellung des hl. Michael von Gerald Brettschuh (*1941). Im Rahmen einer Schlossführung, bei der unter anderem auch die „Seggauer Liesl", die größte historische Glocke der Steiermark zu sehen ist, sowie Lapidarium, Kapellen und Fürstenzimmer lassen sich die

Eindrücke eines ersten Rundganges vertiefen. Auch kulinarisch ist Seggau ein Erlebnis: Die Taverne ist architektonisch eine gelungene Verbindung von alt und neu, gastronomisch pendelt man zwischen einheimischer Küche und der weiten Welt. Eine Weinverkostung im Bischöflichen Weinkeller, einem der ältesten und größten in Europa, sollte nicht fehlen. Der Rückweg in die Stadt Leibnitz führt links vom Eingang zum Weinkeller zuerst entlang der nördlichen Schlossmauer. Dann wandern wir am Seggauberger Pilgerweg auf einem Waldpfad bergab

9

Schwierigkeit	leicht
Länge	rund 6,5 km, 100 hm
Gehzeit	etwa 2 Stunden
Anreise	mit öffentlichen Verkehrsmitteln zum Bahnhof Leibnitz; mit dem Auto zum Parkplatz Stadtpark Leibnitz (N46°46'47" E15°31'54")
Kulinarik	Schlosstaverne Seggau, Tel. +43 (0)3452 82435 0, www.seggau.com/de/schlosstaverne
Infos	Flavia Solva, Tel. +43 (0)316 80179560, www.museum-joanneum.at/flavia-solva Schloss und Weinkeller Seggau, Tel. +43 (0)3452 82435-0, www.seggau.com/de/weinkeller Tempelmuseum Frauenberg, Gabriele Kleindienst, Tel. +43 (0)664 73900909, www.tempelmuseum-frauenberg.at

zum Talboden der Sulm, überqueren die Sulmbrücke und kommen zum Parkplatz beim Stadtpark bzw. zum Hauptplatz zurück. Ist man in Leibnitz, sollte man Flavia Solva, die einzige Römerstadt der Steiermark im nahen Wagna (N46°46'8" E15°34'7") nicht versäumen. Das Wort Flavia geht auf das Herrschergeschlecht der Flavier zurück, Solva ist der illyrische Name des Flusses Sulm. Die Römerstadt erhielt ca. 70 n. Chr. unter Kaiser Vespasian das Stadtrecht und war wahrscheinlich bis zur zweiten Hälfte des 4. Jahrhunderts besiedelt.

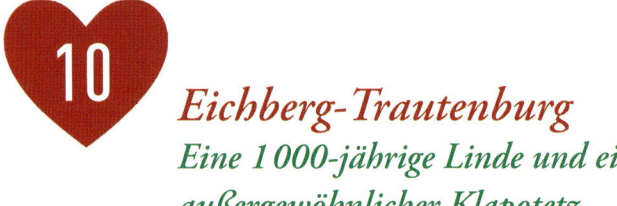

Eichberg-Trautenburg

Eine 1 000-jährige Linde und ein außergewöhnlicher Klapotetz

Die 117 Stufen hinauf zur Kreuzbergwarte in Eichberg-Trautenburg sind eine kleine Lockerungsübung für die Beine, bevor man den 360-Grad-Panoramablick zur Koralpe, zum Hochschwab, zu den Vulkanbergen der Oststeiermark und zurück zum Bachergebirge genießen kann.

Wir nehmen von der Warte aus den Waldpfad Richtung Norden, der uns auch gleich mit der weiß-blauen Markierung des Wanderweges „Der wanderbare Kreuzberg" vertraut macht. Es geht den Pfad bergab, bis wir auf eine schmale asphaltierte Straße Richtung Norden treffen, die wir kurz darauf verlassen und auf einen nach links führenden Feldweg abbiegen. Hier beginnt der „Philosophenweg", der am Weingut Rothschädl vorbeiführt. Die harmonische Landschaft lädt tatsächlich zum Nachdenken und Philosophieren ein. Bald nach dem Bauernhof folgen wir nach rechts einer schmalen Asphaltstraße und biegen nach wenigen Metern wieder rechts in Richtung Weingut Adam und Buschenschank Klug ab. Bei letzterer folgen wir dem Wegweiser in den Kleingraben

Die Kreuzbergwarte bietet einen schönen Rundumblick.

und zur 1000-jährigen Linde. Es geht auf einem idyllischen Waldpfad bergab zum Talboden. Hier wandern wir fernab von jedem Straßenlärm, nur von Vogelgezwitscher begleitet.

Auffallend an der Landschaft dieses Wegeabschnittes sind junge sogenannte Kerbtäler, die wegen ihrer Form auch als V-Täler bezeichnet werden. Dabei handelt es sich um geologisch sehr junge Landschaftseinschnitte fast ohne Talsohle und zwischen steilen Hängen, die durch das Einschneiden kleiner Bäche entstanden sind. Am Talboden folgen wir nach links weiter der weiß-blauen Markierung sowie den Wegweisern zur 1000-jährigen

Linde und gehen dann den Gegenhang im Wald bergauf, bis wir wieder die ersten Weingärten sehen. Nun kommen wir zu einer Asphaltstraße, auf der wir nach rechts weiterwandern, bis wir schließlich die „1000-jährige Linde", einen alten Kreuzungs- und Treffpunkt, erreichen. Der Begriff steht für einen sehr alten Baum, von dem hier aber nur mehr ein Foto zu sehen ist. Er wurde schon vor längerer Zeit durch eine neue Linde ersetzt. Die Stelle hier war nach Erzählungen aber ein traditioneller Kultplatz, hier trafen sich der Überlieferung nach auch Geister wie der „Schabbock" oder die „Trud", bekannte Sagenfiguren der südlichen Weststeiermark. Bei der Linde wurden in früheren Zeiten Prozesstage abgehalten, oder die Menschen kamen hierher, um unter dem Baum zu beten. Hier steht auch ein Bildstock mit einer kleinen Marienskulptur mit schlafendem Jesuskind. Mit Blick auf die Skulptur nehmen wir nun halbrechts einen schmalen Pfad leicht bergauf, der uns zwischen Rebzeilen zum Weinkulturgarten und zum Weinmuseum des Kollerhofs bringt.

Hier erfährt man Interessantes über den Weinbau, wie beispielsweise etwas über die Bedeutung des „Terroirs" für den Wein. Dieser aus Frankreich stammende Begriff erklärt, warum Weine unterschiedlicher Regionen am Gaumen und in der Nase jeweils einen unverwechselbaren, ortstypischen Eindruck hinterlassen können. Der „Charakter" eines Weines entsteht nämlich ganz wesentlich aus dem Zusammenspiel von Boden, Geländeform

und regionalen Temperatur- und Niederschlagsverhält-
nissen. Es lohnt also, sich durch die diversen Weingärten der Region zu kosten. Wir setzen unsere Wanderung
nun bergauf entlang des beschilderten Weinkulturwegs
fort und kommen am Kollersimmerkogel zu einem ganz
und gar ungewöhnlichen Klapotetz. Das sieben Meter
hohe Gebilde aus Stahleisenrohren ist eine Neuinterpre-
tation des traditionellen Klapotetz und verbindet Tradition und Moderne.
Der letzte Abschnitt der Rundwanderung, den Wegweisern zur Kreuzbergwarte und nach Großklein folgend,

Der Klapotetz auf dem Kollersimmerkogel
verbindet Tradition und Moderne.

führt zu weiteren Weingütern. Auf dem Weg dorthin kommt man vor der Abzweigung zu einem Bogenparcours noch an einem Bildstock aus dem Jahre 1926 vorbei. Er wurde als Dank für die Errettung aus der Schlacht bei Przemyśl (POL) im Februar 1915 und der glücklichen Heimkehr aus der Gefangenschaft errichtet. Dieses steinerne Zeitzeugnis gibt einen Einblick, wie Menschen auch dieser abgelegenen Region in die Wirrnisse der internationalen Politik verstrickt wurden. Von hier aus erreichen wir in etwa einem Kilometer wieder unseren Ausgangspunkt bei der Kreuzbergwarte. Im Anschluss an die Wanderung kann man im Gasthaus Wagner in Großklein einkehren, einem netten Familienbetrieb mit bodenständiger Küche.

10

Schwierigkeit	mittel
Länge	7,5 km, 170 hm
Gehzeit	etwa 2,5 Stunden
Anreise	mit öffentlichen Verkehrsmitteln S5 bis Bahnhof Leibnitz, dann mit dem Bus 605 nach Leutschach, von dort mit ISTmobil (Tel. +43 (0)123 500 44 11) zur Kreuzbergwarte; mit dem Auto zum Parkplatz bei der Kreuzbergwarte (N46°42'33" E15°27'29").
Kulinarik	Gasthaus Wagner, Großklein, Tel. +43 (0)3456 2219
Info	Tourismusverband Südsteirische Weinstraße, Tel. +43 (0)3454 7070 www.suedsteirischeweinstrasse.com

Großklein
Auf den Spuren der Kelten

In Großklein befindet sich das größte hallstattzeitliche Gräberfeld des Ostalpenraumes. Einige der insgesamt 700 Fundstellen sind auf gut beschilderten Wanderwegen zu erreichen.

Wir beginnen unsere kleine Expedition in die Hallstattzeit am Parkplatz in der Nähe des hallstattzeitlichen Museums. Es sind von hier nur wenige Meter zurück zur Durchzugsstraße von Großklein, von der wir rechts abbiegen und gleich zum hallstattzeitlichen Museum Großklein (hamuG) kommen. Hier sind archäologische Funde der Region aus mehr als 5 000 Jahren zu sehen, von der Jungsteinzeit bis zum späten Mittelalter. Besonders bekannt sind Objekte wie die Bronzemaske oder die Votivhände aus der Hallstattzeit (etwa 800 bis 450 v. Chr.). Hier im Museum sind Nachbildungen davon zu sehen, die Originale befinden sich im Joanneum in Graz. Das Modell eines Senkrechtwebstuhls sowie Schaubilder, Karten und weitere Darstellungen illustrieren anschaulich das Alltagsleben dieser Epoche. Weitere Fundstücke und Nachbildungen geben einen guten Eindruck von den etwa 700 belegten Hügelgräbern.

Das „Keltengehöft" bei Großklein gibt Einblick in vergangene Zeiten.

Die Wanderung zu einigen „Originalschauplätzen" der Hallstattzeit starten wir vom Museum aus und nehmen die Straße nach Kleinklein, dem Wegweiser „Keltengehöft" folgend. Nun geht es an der Musikmittelschule und dem Sportplatz vorbei, wir überqueren die Saggau und spazieren nach Kleinklein weiter. Dort biegen wir nach einer Rechtskurve links ab (Wegweiser „Archäologischer Themenwanderweg"). Nach einigen Metern bergauf gibt es am Waldrand eine Information über die Fürstengräber von Kleinklein. Diese liegen etwa zwei Kilometer Luftlinie südöstlich von der Siedlung am Burgstall und unterscheiden sich durch ihre Größe und die hochwertigen Fundobjekte wie Gesichtsmaske, Glockenpanzer

Sulmtaler Backhendl – ein wahrhaft kaiserlicher Genuss.

und andere von den restlichen Grabhügeln. Es geht nun durch den Mischwald weiter, bis wir schließlich bei der Buschenschank Ledinegg dem Wegweiser rechts bergauf folgen. Nach etwa 200 Metern biegen wir links in einen Weg ein, der auf den Burgstallkogel (458 m) führt, der uns mit einem Rundumblick belohnt. Dort befand sich einst eine 15 bis 20 Hektar große hallstattzeitliche Höhensiedlung, worüber man ein Stück weit unterhalb des Kogels mittels Schautafeln umfassend informiert wird. Noch ein weiteres Stück bergab kommt man zu einem rekonstruierten hallstattzeitlichen Gehöft – auch als „Keltengehöft" ausgeschildert. Ein Wohnhaus mit Schindeldach, eine Kornkammer in Pfostenspeicher-bauweise, eine Brotback- und eine Webhütte geben Zeugnis von dieser Zeit. Mit Sicherheit wurden in dieser Siedlung auch Webtextilien hergestellt. So fand man hier eine große Anzahl an Webgewichten zur Spannung der Kettfäden sowie die Reste eines Senkrechtweb-stuhls, mit dem man besonders große Kleidungsstücke fertigen konnte.

Nach dem Besuch des Gehöfts wandern wir am unteren Ende des Grundstücks auf einem Wiesenpfad bergab und schwenken links in einen Weg ein, der uns an einem Steinbruch vorbei in die Siedlung Burgstall führt. Bei einer T-Kreuzung spazieren wir rechts bis zu einem Bild-stock, an dem wir den Weg nach links nehmen, der uns zu den Hügelgräbern des Grellwaldes führt. Es handelt sich dabei um Grabstätten einer gehobenen Bevölke-rungsschicht. An Ort und Stelle erfährt man Interessan-tes über Bestattungsriten in der Sulmtal-Nekropole, die vom 8. bis zum 5. Jahrhundert vor Christus bestand. Nun geht es diesen Weg noch ein kurzes Stück weiter bis zu einer Nebenstraße, in die wir halblinks einbie-gen. Man wandert etwa 300 Meter weiter bis zu einer Sackgasse, die zum „Weiberhof" führt. Hier nehmen wir die Linkskurve, um gleich – dem Wegweiser „Archäologischer Wanderweg" folgend – nach links auf einen Waldweg zu kommen. Die Wanderung durch den Mischwald ist im Frühjahr besonders schön, wenn der Weg von blühenden Buschwindröschen und Krokussen gesäumt ist. Der Weg endet schließlich bei einer Asphaltstraße, die uns links zurück in den Ort Kleinklein bringt. Zuerst kommt man an Weinbauernhöfen und einer Kapelle vorbei, bevor wir rechts in die uns bekannte Straße nach Großklein einbiegen. Wir gehen wieder

11

Schwierigkeit	leicht bis mittel (Burgstallkogel)
Länge	etwa 8,5 km, 160 hm
Gehzeit	rund 2,5 Stunden
Anreise	mit öffentlichen Verkehrsmitteln ÖBB-Bahnhof Leibnitz und dann mit dem Bus 605 nach Großklein; mit dem Auto zum Parkplatz in Großklein (N46°44'11" E15°26'27").
Kulinarik	Wirtshaus Steirerkeller, Tel. +43 (0)3456 2321 www.steirerkeller.at
Info	Museum Großklein (hamuG), Tel. +43 (0)664 2714414, www.hamug.at „Geh ma zur Keltenrunde": Jedes Jahr gibt es am Pfingstsonntag einen historisch-kulinarischen Thementag auf dem archäologischen Wanderweg.

bis zur Musikmittelschule zurück, biegen gegenüber der Schule links in eine Nebenstraße ab und erreichen wenig später beim Parkplatz den Ausgangspunkt der Wanderung. Im Anschluss an die Wanderung und den Museumsbesuch ist eine Einkehr im Wirtshaus Steirerkeller in Großklein zu empfehlen, hier kann man sich in der traditionsreichen Gaststube in gemütlich-uriger Atmosphäre mit altbewährten steirischen Klassikern ebenso wie mit neuen Kreationen aus heimischen Produkten verwöhnen lassen.

Kitzeck
Von Winzern und Spukgeschichten

Mit seiner Lage auf 564 Meter Seehöhe ist Kitzeck der höchstgelegene Weinbauort Österreichs. Weithin sichtbar liegt die Kirche am höchsten Punkt des Dorfes.

Der Ort befindet sich in der Region Sausal und bietet für den Weinbau etwas andere Voraussetzungen als der Rest der Südsteiermark. Die sogenannte Sausalschwelle ragte nämlich im Paläozoikum – im Erdaltertum, ungefähr 500 bis 250 Mio Jahre vor Heute – wie eine Insel aus dem Urmeer Tethys heraus, das tiefer gelegene Bereiche ausfüllte. Daher gibt es dort kaum kalkhaltige oder sandige Böden, sondern es dominieren Schieferböden. Diese Böden und das günstige, besonders milde Klima lassen hier regionstypische Reben mit einer besonderen Mineralik gedeihen. Daraus machen die Weinbauern von Kitzeck „Weine mit Persönlichkeit". Nicht ganz sicher zu erklären ist der Regionsname „Sausal". In der Regel wird er von *Solva silva* (Sulmwald), manchmal auch wegen der Wildschweinvorkommen von „Sausuhle" abgeleitet.

Eine hohe Dichte an Buschenschanken bietet die Sausaler Weinstraße.

❋ Sausaler Weinstraße ❋
Kitzeck im Sausal

◀ Gauitsch-Greith · Höch-Neurath | Einöd-Fresing-Leibnitz · Gleinstätten-Graz ▶

WEINGUT ALBERT | ❰ **GENUSSHOF** ❱ *Kitzeck*

◀ Buschenschank **Aldrian-Stelzer** 2km | Gästehaus **Haring** 4,5km ▶

◀ Buschenschank Tennisplatz **E.u.M. Diestler** 1,4km | Cafe-Konditorei Landhaus **Rollthommerl** ▶

◀ Gästezimmer **J. u. J. Diestler** 1,2km | Gästezimmer **Wicht** ▶

◀ Komfortzimmer **Dunst** | Buschenschank Gästezimmer **ILGI** ▶

◀ Restaurant-Kirchenwirt **Heber** | Weingut Gästehaus-Buschenschank **Lorenz** 2km ▶

◀ Buschenschank Gästezimmer Genießerhof **Schauer** 1,5km | Steirischer Schau- u. Patenschaftsweingarten beim Weingut Lorenz 2km ▶

◀ Buschenschank **Kaiser** | Ferienhaus **Pfarrerweinzerl** 800m ▶

◀ Gästezimmer **Kaiser** 1,5km | Cafe-Restaurant-Winzerzimmer **Wohlmuth-Lückl** 300M ▶

◀ Genießer- und Wellnesshotel Weinhof **Kappel** 600m | Buschenschank **Reiterer** 1,3km ▶

◀ Buschenschank **Zoller** 2,8km | Buschenschank Gästezimmer **Stoff** 4,7km ▶

◀ Weingut-Buschenschank **Koschak** 1,3km | Gästehaus Ulbi Frisiersalon Fresing 4m ▶

◀ Weinbau-Flaschenschank **Lambauer vlg. Hackl** 4,2km | **WEINGUT WOHLMUTH** 2,8km ▶

◀ Buschenschank · Gästezimmer Weingut **Lambauer** vlg. Köstenbauer 1,4km | Buschenschank **Malli** vlg. Knabl 2,4km ▶

◀ Winzerhaus **Magdalenenhof** 1,8km | Buschenschank **Wutte**, Fresing 3km ▶

◀ Gästezimmer **Schliefsteiner** | Weingut - Landhaus **H. u. R. Schwarz** ▶

◀ Kellerschank | *** Panoramahotel **Steiereck** ▶

Wir beginnen unsere Wanderung am Parkplatz unterhalb der Kirche und nehmen den Weg Nr. 8 am Gehweg entlang der Straße Richtung Süden, schwenken
links in den Sacherneggweg ein, folgen diesem und biegen wieder links in den Joslweg (Weg 8) ab. Bei einer
Häusergruppe mit einem Klapotetz nehmen wir links
den Schotterweg (weiter Weg 8) bergab, der dann in einen idyllischen Waldpfad übergeht. Speziell an heißen
Sommertagen spendet dieser Wegabschnitt eine herrli-
che Kühle. Schließlich erreichen wir den Stumpfgraben,
wo wir den kleinen Bach überqueren. Nach der Brücke wandern wir links weiter und biegen dann, immer

Kirche von Kitzeck – mit außergewöhnlicher Nord-Süd-Ausrichtung.

dem Weg 8 folgend, rechts ins nächste Kerbtal ab. Hier überqueren wir auf einer Holzbrücke ein weiteres Gerinne. Danach zweigt der Wanderweg Nr. 2 rechts ab, wir folgen aber links dem Weg 8 weiter bergauf. Teilweise im Wald, teilweise entlang von Weingärten erreichen wir eine schmale Asphaltstraße, bei der wir links einbiegen und damit den Weg 8 verlassen. Diese Nebenstraße führt uns bergauf bis zum Gasthof Tischlerwirt, wo wir links am Gehweg Richtung Ortszentrum weiterwandern. Auf der Höhe des Festplatzes wechseln wir die Straßenseite nach rechts. Hier treffen wir auf den Nachbau einer römischen Sonnenuhr, welche die Tageszeit und nicht die Uhrzeit angibt. Dabei zeigt das Ende des Schattens die jeweilige Zeit zwischen Sonnenaufgang und -untergang an und verändert sich übers Jahr, abhängig von den Bögen der Sonnenwenden. Von hier aus hat man auch einen schönen Blick auf die Landschaft westlich von Kitzeck mit dem Kroisgraben – der Name „Krois" kommt von Krebs – und Demmerkogel. Der Demmerkogel, ein Natura-2000-Europaschutzgebiet mit einer Aussichtswarte, ist mit 671 Meter Seehöhe der höchste Punkt des Sausal. Das Gebiet ist nicht nur ein herrliches Wandergebiet, sondern hat mit seinen Mähwiesen und Wäldern eine wichtige Schutzfunktion zur Sicherung der steilen Abhänge.

Weiter Richtung Pfarrkirche erreichen wir das älteste steirische Weinmuseum. In diesem denkmalgeschützten ehemaligen Bauernhaus gibt es Interessantes über einstige Lebens- und Arbeitsbedingungen der Winzer zu erfahren. So veranschaulichen die verschiedensten Geräte vom Rebmesser bis zur Lesebutte und neuere Wetterraketen das Arbeitsjahr im Weinberg. Das letzte Stück der Wanderung führt schließlich noch zur Pfarrkirche, die auf einem Geländesporn liegt und aus Platzgründen ausnahmsweise in Nord-Süd-Richtung gebaut wurde. Bemerkenswert im Inneren ist ein Rokoko-Hochaltar mit einem Schnitzbild der Pietà. Im Friedhof dahinter befindet sich ein in der Werkstatt der Keltenschmiede Stani im nahen Heimschuh gefertigtes Kreuz mit vielfältiger und interessanter Symbolik.

12

Schwierigkeit	mittel
Länge	etwa 3,8 km, 110 hm
Gehzeit	etwa 1,5 Stunden
Anreise	mit öffentlichen Verkehrsmitteln mit S5 bis Bahnhof Leibnitz, dann mit dem Taxi nach Kitzeck, mit dem Auto zum Parkplatz Kitzeck (N46°46'53" E15°27'15")
Kulinarik	Weingut, Schlafgut, Genussgut Lorenz, Tel. +43 (0)3456 2311, www.michilorenz.at
Infos	Keltenschmiede Heimschuh, Tel. +43 (0)3456 3603, www.keltenschmiede.at Weinmuseum Kitzeck, Tel. +43 (0)3456 3500, Eingang über Tourismusbüro Kitzeck

Zum Abschluss der Wanderung lohnt es sich, vom Eingang der Kirche aus noch einen Blick Richtung Osten zu werfen. Hier hat man einen einzigartigen Ausblick auf Teile der südlichen und östlichen Steiermark. Der Blick geht auch Richtung des Ortsteils Trebian, wo sich im 19. und 20. Jahrhundert merkwürdige Dinge abgespielt haben sollen. Die steirische Schriftstellerin Claudia Rossbacher verwendet den „Spuk von Trebian" für einen fiktiven Kriminalfall in ihrem Buch „Steirerrausch". Aber diese aufregende Geschichte lässt man sich am besten in einer der hervorragenden Weinschenken in Kitzeck, beispielsweise beim Weingut Lorenz erzählen.

St. Ulrich in Greith
Die Genusstour –
Gerhard Roth für Einsteiger

Wer etwas über den österreichischen Schriftsteller Gerhard Roth erfahren möchte, kann dies in St. Ulrich auf den sogenannten Greith-Wegen tun. Einer davon, die „Genusstour", führt auf einer Strecke von zwölf Kilometern zu den Lieblingsplätzen von Roth. Hier wird eine verkürzte Version dieser Tour vorgestellt.

Der Grazer Gerhard Roth (*1942) ist einer der bedeutendsten deutschsprachigen Schriftsteller der Gegenwart, Autor einer Reihe von Romanzyklen, Erzählungen, Essays, Theaterstücken und Drehbüchern. Seit 1977 lebt er nicht nur in Graz und Wien, sondern auch in St. Ulrich in Greith. Für Literaturinteressierte gibt es neben zwei weiteren Rundwegen eine zwölf Kilometer lange „Genusstour", die das Wandern auf den Spuren des Schriftstellers ermöglicht. Bereits bei der Zufahrt, etwa 300 Meter vor der Jausenstation Lesky, lernt man „Tante Juliane" kennen – Juliane Ranegger, eine der Figuren aus Roths Roman „Der Stille Ozean", der vom Leben in diesem Ort handelt. Für Roth war sie eine faszinierende Erzählerin, die alles über das Dorfleben wusste. Durch diese Frau, sagte Roth, habe er St. Ulrich erst richtig kennengelernt.

Ländliche Idylle, gleichzeitig Inspiration für einen großen Schriftsteller.

Für einen weiteren besonderen Menschen, den „alten Mauthner", gibt es ein paar Meter vor der Jausenstation ebenfalls einen Erinnerungsplatz. Dieser Mann war eine Art Heiler, der mit seiner Naturapotheke und seinen Säften, die er „Geist" nannte, der „Doktor" der Region war. Hustenden Kranken setzte er auch schon mal Kröten auf die Brust.

Die kleine Runde verläuft – beginnend bei der Jausenstation Lesky – ein paar hundert Meter Richtung Osten parallel zu der „Großen Runde" über 22 Kilometer, einst ein Tagesmarsch des Schriftstellers. Wir folgen zuerst dem Wegweiser mit dem gelben Ahornblatt und biegen bald links Richtung Weinbau Malli ab. Hier gibt es mit Hofladen und Café einen Ort zum Entspannen, Entschleunigen und Genießen.

Die schmale Asphaltstraße führt am Weingut vorbei und trifft unmittelbar nach dem Haus Nr. 28 auf die Genusstour, die von nun an mit einem roten Ahornblatt markiert ist. Sie führt zu einem Bauernhof, danach geht es gleich links bergab ins Tal. An einem Fischteich vorbei wandern wir ein Stück einen Waldpfad bergauf, der in einen Feldweg mündet. Kurz danach erreichen wir einen Bildstock aus dem Jahre 1902 mit einer

Eine sogenannte Harpfe, in der Getreide oder Heu getrocknet wurde.

Das schlichte Denkmal für Juliane Ranegger, die als Romanfigur von Gerhard Roth verewigt wurde.

außergewöhnlichen Jesuskind-Darstellung. Oberhalb stand einst das Koppitschhaus, in dem Roth ungefähr acht Jahre lang lebte. Hier schrieb er in der Küche und im Dachbodenzimmer die Romane „Der stille Ozean", „Der landläufige Tod" sowie den Romanzyklus „Archive des Schweigens" und mehrere Drehbücher. Das einsam gelegene Haus musste allerdings einem Neubau weichen. Etwas oberhalb des Bildstocks an der Straße kann man es sich auf einem Bankerl mit Blick auf das frühere Koppitsch-Haus gemütlich machen und sich der Lektüre von Roths Werken hingeben.

Wir wandern vom Bildstock aus weiter Richtung Osten, durchqueren das Gelände eines Bauernhofs und zweigen nach links bergab auf einen Waldweg, der uns am Talgrund zu einem Fischteich führt. Dort steigen wir den Gegenhang etwa 200 Meter hinauf und biegen bei der Siedlung nach links. Das Asphaltsträßchen führt uns nach weiteren 500 Metern an der sogenannten Hohlkeusche vorbei. Hier verbrachte Roth ein Jahr und schrieb „Die Winterreise", die von der Aufgabe aller existenziellen Sicherheiten wie Heimat, Beruf und Beziehungen handelt. Wir wandern das Sträßchen weiter, noch immer dem roten Ahornblatt folgend. Der weitere Weg bringt uns nach einem Wegkreuz auf eine Anhöhe zu einem Gehöft mit

13

Schwierigkeit	mittel
Länge	etwa 4,5 km, 80 hm
Gehzeit	rund 1,5 Stunden
Anreise	mit öffentlichen Verkehrsmitteln mit S6 nach Pölfing-Brunn, dann mit dem Taxi zur Jausenstation Lesky/St. Ulrich, mit dem Auto zum Parkplatz Jausenstation Lesky (N46°43'35" E15°20'18")
Kulinarik	Gasthaus Neuwirt, Sulmeck-Greith, Tel. +43 (0)3865 2458, www.gasthaus-neuwirt.at Holzmichls Hofladen & Café, +43 (0)664 5153045
Info	Greith-Haus, Tel. +43 (0)3465 20200, www.greith-haus.at

mehreren alten Wirtschaftsgebäuden. Wir folgen dieser Nebenstraße, bis wir wieder die Jausenstation Lesky erreichen. Nach der kurzen Wanderung sollte sich natürlich auch ein gehmütlicher Ortsspaziergang im Dorf St. Ulrich ausgehen. Beim Kirchenwirt Fritz Schmidt vulgo „Finsterl" hat Roth viele Einheimische kennengelernt und wohl einige ihrer Geschichten in seinen Büchern verarbeitet. Eine besondere Einrichtung für ein solch kleines Dorf ist das auf Initiative von Roth von den Architekten Szyszkowitz+Kowalski geschaffene Greith-Haus. Nach dem Motto „Kunst muss unter die Leute gebracht werden" gibt es hier Ausstellungen, Musik und Schauspiel abseits der kulturellen Zentren in den Städten.

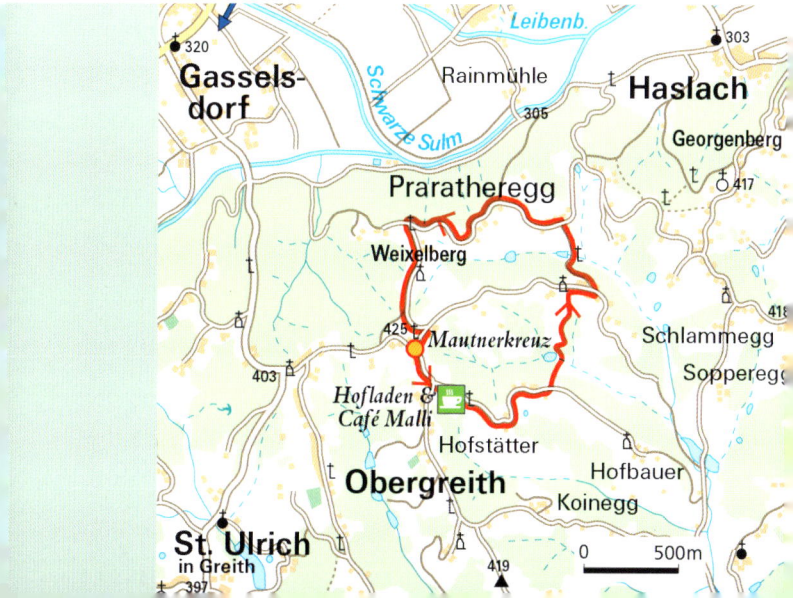

14 Deutschlandsberg
Durch ein romantisches Felstal auf die Burg

Über die Deutschlandsberger Klause ist auch die wild-romantisch über üppigen Weinhängen thronende Burg zu erreichen.

Ausgangspunkt der landschaftlich besonders reizvollen Wanderung durch das Natura-2000-Gebiet ist der Parkplatz beim Eingang der Klause. Sie eignet sich besonders für warme Sommertage, da es hier schattig und angenehm kühl ist. Im langjährigen Durchschnitt ist die Lufttemperatur um zwei bis drei Grad niedriger als in der Umgebung. Man überquert beim Parkplatz einen Steg über die Laßnitz und nimmt rechts den rot-weiß-rot markierten Wanderweg 14 Richtung Burg. Entlang des Baches gibt es zahlreiche Stellen, die dazu einladen, sich die Füße abzukühlen. Die Laßnitz umrundet in der Klause den Burgberg von Deutschlandsberg. Der Name des Flusses wird meist vom slawischen *Lieznica* hergeleitet, was so viel wie „Waldbach" heißt. Wir bewegen uns inmitten einer mannigfaltigen Flora mit Buchen, Bergahorn sowie Kräutern, Farnen und Moosen. Die Klause bietet auch Lebensraum für einige besondere Insektenarten. So wurden verschiedene Schmetterlingsarten wie

Unterwegs an der Laßnitz durch die Deutschlandsberger Klause.

die „Spanische Flagge", auch „Russischer Bär" genannt, hier nachgewiesen. Dieser Schmetterling ist in größeren Populationen sonst nur auf der Insel Rhodos zu Hause. Nach einer Brücke kommen wir an eine Engstelle, an der Gneise und Glimmerschiefer des Koralpenkristallins hervortreten. Das Gestein ist vielfach von Moosen überzogen – auch besonders schöne Farne wie der

Burg Deutschlandsberg bietet kulturelle und kulinarische Schmankerl.

Hirschzungen- oder Straußenfarn sind hier zu sehen. Völlig überraschend taucht in diesem engen Abschnitt ein kleiner Holzbau, die „Einsiedelei", auf. Diese wurde im 19. Jahrhundert angelegt, war aber nie bewohnt. Die heutige Hütte aus Lärchenholz wurde 2013 errichtet. Bei der Weggabelung unterhalb der Einsiedelei nehmen wir rechts den kürzeren, etwas steinigen und wurzeldurchsetzten Pfad zur Burg, die wir nach rund 20 Minuten erreichen. Mehrere Jahrhunderte lang war die heutige Anlage der Verwaltungssitz für die weitläufigen Besitzungen des Erzbischofs von Salzburg in der Weststeiermark. Nachdem sie stark verfallen war, wurde sie ab Mitte des 20. Jahrhunderts wieder saniert. Heute sind hier ein Hotel, ein Burgrestaurant und das Museum Archeo Norico untergebracht. Vor dem mittelalterlichen Burggraben steht eine Skulptur der Bildhauerin Hortensia Fussy (geb. 1964), der letzten Schülerin des renommierten Plastikers Fritz Wotruba. Das sehenswerte Museum mit einer umfangreichen Ur- und Frühgeschichtlichen Ausstellung zeigt Fundstücke aus der einstigen Besiedelung der Umgebung. Es beherbergt auch eine besondere Sammlung mit antikem Schmuck sowie eine Schau zur 3 000-jährigen Glasgeschichte der Region sowie eine Waffenkammer.

Von der Terrasse der Burganlage aus hat man einen schönen Rundblick auf einen Teil des weststeirischen Hügellandes und auf den Ort Deutschlandsberg. Dessen Name „Landsberg" kommt nicht vom deutschen Wort „Land" für Gebiet oder Region, sondern soll sich auf die slawische Bezeichnung *lonka* für „feuchte Wiese" und auf die Ritterfamilie Lonsperch beziehen. Um eine Verwechslung mit dem im heutigen Slowenien gelegenen Windisch-Landsberg (Podčetrtek) zu vermeiden, wurde im 19. Jahrhundert das Wort „Deutsch" vorangestellt.

Den Weg zurück zum Ausgangspunkt der Wanderung könnte man rechts neben dem Burgtor über den Jakobweg nehmen, wir entscheiden uns für die längere Variante vom Burgplatz aus Richtung Nordosten zum Gasthaus Stöcklpeter, neben dem Haubenrestaurant auf der Burg eine zweite sehr empfehlenswerte Einkehrmöglichkeit. Es wird von Freitag bis Sonntag als Gasthof geführt, von Montag bis Mittwoch bietet es als Buschenschank kalte steirische Schmankerln an. Wir biegen gleich nach dem Stöcklpeter auf der Höhe der Urbanuskapelle links in den Waldweg ein (Wanderweg F1, rot-weiß-rote Markierung). Bald darauf kommt man dann zu einem Wegkreuz, bei dem wir den Weg nach links die Straße bergab

14

Schwierigkeit	mittel
Länge	etwa 4 km, 120 hm
Gehzeit	2 Stunden
Anreise	mit öffentlichen Verkehrsmitteln mit S6 zum Bahnhof Deutschlandsberg, von hier mit dem Taxi zum Eingang Klause Deutschlandsberg; mit dem Auto zum Parkplatz bei der Klause (N46°48'37" E15°12'07").

in das Laßnitztal nehmen. Nach der Überquerung der Laßnitz schwenken wir sofort links in den Fußweg Richtung Klause ein (Wanderweg 14). Nun geht es entlang der Bahntrasse der ehemaligen „Fürst Liechtensteinischen Waldbahn im Laßnitztal" flussabwärts. Die Waldbahn mit einer Spurweite von 760 Millimetern wurde einst zum Abtransport von Holz verwendet und transportierte jährlich zwischen 20 000 und 25 000 Festmeter Holz. Entlang der Laßnitz können wir noch einmal das Wasserrauschen und Vogelgezwitscher genießen, bevor wir über die Klause wieder den Ausgangspunkt der Wanderung erreichen.

Kulinarik Gasthof und Buschenschank Stöcklpeter, Tel. +43 (0)3462 2889 www.stoecklpeter.at Restaurant Burg Deutschlandsberg, Tel. +43 (0)3462 5656-0, www.burg-deutschlandsberg.at

Infos Burgmuseum Archeo Norico, Tel. +43 (0)3462 56 02, www.archeonorico.at

Bad Gams
Alles rund um den Kürbis

Das „schwarze Gold der Steiermark" und das daraus gewonnene Öl stehen im Zentrum dieser Wanderung auf dem „Kürbis-Spazierweg".

Wir beginnen unsere Wanderung beim Brunnen im Kurpark und gehen den „Kürbis-Spazierweg" ortsauswärts Richtung Hotel Kipper. An der Kreuzung Grandlwirtstraße–Brabeckweg befinden sich das Hotel, die Woschnagg-Kapelle und die Trinkhalle Bad Gams. Wasser aus drei Quellen sind in letzterer zu verkosten: Dasjenige aus der Michelquelle ist besonders eisenhaltig, das aus der Aktivquelle ist eine eisen- und magnesiumhaltige Heilquelle und die Gudrunquelle besonders salzarm. Von hier folgen wir dem Wegweiser „Kürbis-Spazierweg" nach Süden, überqueren die Brücke über den Gamsbach und gehen geradeaus weiter etwas bergauf bis zum Dorfhotel Fernblick, wo ein 300 Quadratmeter großer Schaukräutergarten angelegt ist, den man besichtigen kann. Nun geht es durch die Siedlung weiter bis zum Haus Nr. 13, wo wir links leicht bergab in einen Feldweg einbiegen. Dieser führt mitten durch die für diese Region so charakteristischen Kukuruz- und Kürbisfelder. Diese sind wegen ihrer gelben

Fensterfassade eines weststeirischen Bauernhauses bei Bad Gams.

Blüten besonders im Juli eine wahre Pracht: Sie blühen am Morgen, verblühen noch während des Vormittags und fallen dann ab. Ist man im Frühherbst unterwegs, sieht man die prächtigen Früchte auf dem Feld, meist in geraden Reihen geschlichtet, damit sie von den Maschinen geerntet werden können. Mit der Hand geerntet, also „gepatzelt", wird nur mehr selten. Dabei werden die Kerne vom Fruchtfleisch entfernt. Auf unserem Weg mitten durch die Felderlandschaft überqueren wir die Feldbaumstraße, bis wir das Abfallsammelzentrum Bad Gams erreichen. Hier wandern wir links weiter und erreichen die Straße nach Furth. Nun schwenken wir nach links und nehmen den Gehweg, kommen am Sägewerk Wallner vorbei und erreichen dann die Weberei Strunz, die rechts der Straße liegt. Hier gibt es Fleckerl-, Baumwoll- und Schafwollteppiche, in deren Design die Weberei Tradition und Moderne kombiniert. Bei Führungen

Seit über 100 Jahren wird in Bad Gams Keramik erzeugt.

werden Teppicharten und Materialien vorgestellt und man kann auch beim Weben zuschauen.

Wir wandern weiter Richtung Bad Gams und erreichen nach etwa 300 Metern den Hof der Familie Farmer-Rabensteiner vulgo Graf. Hier taucht man ein in eine ländliche Erlebnis- und Genusswelt ein. Die Kürbiskerne werden getrocknet, gemahlen, geröstet, der Ölkuchen wird an Ort und Stelle gepresst. So entsteht am Hof das Steirische Kürbiskernöl, das natürlich auch verkostet werden kann. Für einen Liter Kernöl benötigt man etwa 35 Kürbisse beziehungsweise etwa drei Kilogramm Kerne. Im Kulinarikraum gibt es allerlei zu verkosten, darunter Kürbisbier, -marmelade und -schokolade. Der Hof ist zudem eine Essigmanufaktur und hat einen Schilcherkeller. Dort kann man Weine von 20 Schilcherbauern der Region verkosten.

Wir wandern nun am Kürbis-Spazierweg Richtung Bad Gams weiter und biegen bei der Further Kapelle links in einen Weg ab, der uns entlang des Gamsbaches führt. Er mündet schließlich in den Brabeckweg, den man bei einem Transformatorenhäuschen rechts weiter geht.

Kürbisblüte – sie öffnet sich nur am Vormittag.

Diese uns schon bekannte Straße führt über das Hotel Kipper wieder zum Ausgangspunkt in den Kurpark zurück. Wenn Zeit verbleibt, kann man anschließend noch einen Blick in die Pfarrkirche werfen. Die dem hl. Bartholomäus geweihte Kirche hat eine reiche Innenausstattung, unter anderem am Hochaltar Statuen des Südtiroler Bildhauers Veit Königer (1729–1792). Will man weitere Wanderungen in Bad Gams anschließen, so gibt es mit dem Weinbergweg (6 Kilometer), dem Schilcher–Kellerweg (10,5 Kilometer) und dem Winzerweg (13 Kilometer) weitere Möglichkeiten. Des Weiteren kann man auch das sehenswerte Mühlenmuseum von Hermann Lederer besuchen und die liebevoll restaurierten Exponate bestaunen. Nicht versäumen sollte man auch den Kirchenwirt, wo man den Tag in der gemütlichen Gaststube mit einem guten Essen ausklingen lassen kann.

Essigmanufaktur im Hause Farmer-Rabensteiner.

15

Schwierigkeit	leicht
Länge	3,7 km, etwa 20 hm
Gehzeit	etwa 1 Stunde
Anreise	mit öffentlichen Verkehrsmitteln mit Regionalbus 760 ab Deutschlandsberg; mit dem Auto zum Parkplatz gegenüber dem Kurpark (N46°52'08" E15°13'17")
Kulinarik	Kirchenwirt Nabernik, Tel. +43 (0)3463 2337, www.kirchenwirt-nabernik.com

Infos

Erlebnis-Genusshof
Farmer-Rabensteiner, Tel. +43 (0)3463 3107,
www.kuerbiskernoel.at
Mühlen-Museum von Hermann Lederer, Bad Gams 51,
Tel. +43 (0)3463 2813
Weberei Strunz, Tel. +43 (0)664 4227730,
www.weberei-strunz.at

Eibiswald
Schilcher und Kloepfer
im Doppelpack

In Eibiswald begegnet man immer wieder zwei „Persönlichkeiten", einerseits dem Schilcherwein und andererseits dem Arzt und Schriftsteller Hans Kloepfer (1867–1944). Beide kann man bei einer „Schilcherreise" besser kennenlernen.

Wir beginnen die Runde beim Kloepfer-Brunnen gegenüber dem Geburtshaus des Schriftstellers. Von hier spaziert man nach einer ersten Begegnung mit den Gedichten Hans Kloepfers Richtung Westen durch den Markt. Der Weg führt vorbei an der Mariensäule und dem ehrwürdigen Lerchhaus. Das über 400 Jahre alte Patrizierhaus schmückt eine wuchtige Steinsäule in der Mitte der Diele beziehungsweise im ersten Stock, außerdem befindet sich hier auch das Weitwandermuseum des Österreichischen Alpenvereins. Ein paar Meter weiter biegen wir nach der Raiffeisenbank links in den Schlossweg ein und folgen ab jetzt immer dem Wegweiser mit dem roten Schilcherglas. Bald erreichen wir das zweistöckige Schloss mit seinem Zwillingsportal – heute eine Landesberufsschule. Der Wanderweg führt an der Ostseite des Gebäudes vorbei, an dessen Ende wir nach

Kreative Gartenzaun-Arrangements auf der Wanderroute.

rechts schwenken und zum Bauhof der Gemeinde gelangen. An dessen Südostecke ist auf einer Tafel die erste
Strophe des Gedichts „Schilcherreise" von Hans Kloepfer zu lesen, wonach der Weg benannt ist. Es geht dabei
um eine „verdichtete" Zechtour von Kloepfer und seinem Freund Fritz Fuchs (1887–1945). Dieser war auch
Schuldirektor von Eibiswald und wurde als „Grenzland-
vater" bezeichnet, da er sich zwischen den Weltkriegen
für die notleidende Bevölkerung einsetzte. Wegen seiner
Nähe zum Nationalsozialismus – Fuchs war seit 1938
NSDAP-Mitglied – geriet er am Kriegsende zwischen
die politischen Fronten, wurde verhört und verschleppt.
Sein weiteres Schicksal liegt im Dunklen.

Nun wandern wir an der Südseite des Bauhofes vorbei bis knapp vor den Bauernhof Schuiki. Hier biegen wir halblinks ab und nehmen einen Waldweg, der uns zur zweiten Strophe der „Schilcherreise" bringt. Von hier aus führt ein Waldpfad über die Matschnigg-Kapelle zum Bauernhof Loibner vulgo Pratter. Dieser südweststeirische Hof und die dazugehörige „Proterkapelle" sind schöne Beispiele ländlicher Architektur. Die Kapelle wurde zudem von dem Maler Anton Hafner (1912–2012) mit einem Kreuzweg aus Hinterglasbildern ausgestattet. Von der Kapelle aus rechts führt der Wanderweg bis zu einem Transformator, wo wir zuerst nach rechts und dann sofort wieder nach links schwenken. Dieser Zufahrtsweg bringt uns zum Weinbau Silly vulgo Schwoager, dem Hans Kloepfer in der dritten Strophe seines Gedichts ein Denkmal setzte. Hier wird die berühmte Traube gekeltert, deren Wein eine hellrot schillernde, in steirischer Mundart „schilchernde" Farbe hat, von der sich die Bezeichnung „Schilcher" ableitet. Dieser muss nach dem österreichischen Weingesetz zu 100 Prozent aus der Rebsorte Blauer Wildbacher bestehen und aus der Steiermark stammen. Der Schilcherwein lässt niemanden gleichgültig: Von Papst Pius, der 1782 auf seiner Reise zu Kaiser Franz Joseph in der Region Station machte, ist folgende Bemerkung überliefert: „Sie haben uns einen rosaroten Essig vorgesetzt, den sie Schilcher nannten." Heute ist der Schilcher DAC eine der gefragtesten Weinraritäten

Österreichs. Nun wandern wir wieder zurück zum Bauernhof Pratter, schwenken hier nach rechts und stehen nach etwa 300 Metern am linken Straßenrand vor der vierten Strophe des Gedichtes. Hier biegen wir links in einen Waldpfad ein, der uns später über einen Feldweg zu den Resten einer Burg bringt, von der nur mehr ein Ringwall erhalten ist. In unmittelbarer Nachbarschaft befindet sich das Gehöft „Turmbauer", das zu den ältesten des Saggautales gehört, in dem wir uns befinden.

Lohnenswert ist auch der Aufstieg zur Linde neben dem Gehöft, hat man doch von dort einen schönen Rundblick. Der Markt Eibiswald, dessen Name sich von einem Ritter Iwein ableitet, der in der Nähe einen Grundbesitz hatte, ist auch schon in Sichtweite. Der Wegweiser mit dem roten Schilcherglas führt uns über einen ehemaligen Plankenweg – er war früher mit dicken Baumstämmen „geplankt", um ein Ausschwemmen zu verhindern – bis zur Kirche ins Ortszentrum.

Nun spazieren wir Richtung Marktplatz und kommen zum Kloepfer-Brunnen, dem Ausgangspunkt, zurück. Gleich nebenan wurde 1867 der Arzt, Schriftsteller, Mundartdichter, Heimatforscher und Chronist geboren, dem im Heimatmuseum ein Raum gewidmet ist. In seinen Werken schilderte Kloepfer den Alltag und das menschliche Zusammenleben in seiner Region. Wegen seiner nachweislichen Sympathien für den Nationalsozialismus und seiner Mitgliedschaft in der NSDAP ist der Heimatdichter heute umstritten. Das Museum informiert zudem über die Kultur des ländlichen Raumes sowie über den ehemaligen Bergbau und die Industrie in und um Eibiswald. Besonders sehenswert sind eine Rauchkuchl und das Glaskabinett mit Objekten aus den historischen Glashütten der Koralpe. Schmankerl in fester und flüssiger Form bietet der nahe Kloepferkeller.

Als zweite Wanderung in Eibiswald empfiehlt sich der Turmbauerweg, der kulturgeschichtlich viel zu bieten

16

Schwierigkeit	mittel
Länge	etwa 8 km, 190 hm
Gehzeit	rund 2,5 Stunden
Anreise	mit öffentlichen Verkehrsmitteln mit der S6 zum Bahnhof Wies- Eibiswald, dann mit Bus 782 nach Eibiswald; mit dem Auto zum Parkplatz P3 (N46°41'15" E15°14'56")
Kulinarik	Kloepferkeller, Tel. +43 (0)3466 42205, www.kloepferkeller.at
Info	Kloepfer- und Heimatmuseum, Tel. +43 (0)3466 422180 Tourismusverband Schilcherland, Tel. +43 (0)3466 43256, +43 (0)664 761912, www.schilcherland.at Weitwandermuseum des Alpenvereins (ÖAV) Tel. +43 (0)664 5569874

hat. Dieser führt an Kapellen und Bildstöcken vorbei und man erfährt am Weg so manches über einen der ältesten Bauernhöfe der Region oder über eine mittelalterliche Burg.

Tipp: In der Nähe befindet sich in Wielfresen die sehr sehenswerte „Strutz-Mühle", die 2020 im Rahmen der ORF-Sendung „9 Plätze – 9 Schätze" zum schönsten Platz Österreichs gewählt wurde.

17 Soboth
Geschichte und Geschichten

Im Dreiländereck von Steiermark, Slowenien und Kärnten hat sich der Ort Soboth in den letzten Jahren als Wanderdorf einen Namen gemacht.

Der riesige Wanderschuh zwischen dem Gasthof Messner und dem Kaufhaus Tschuchnigg ist unübersehbar: Hier beginnt der „Dorfweg Soboth", auf dem man auf fantasievolle und augenzwinkernde Weise Einblick in das Leben der Menschen von einst und heute in diesem waldreichen Grenzland bekommen kann. Eigentlich ist der Wanderschuh der Schuh des „Riesen vom Kreuzbach", über den folgende Geschichte erzählt wird: Jahrelang habe man nämlich nach dem Riesen gesucht und dabei einen Tunnel und ein Loch gegraben, bis man seinen Schuh fand. Ein findiger Kärntner kam dann auf die Idee, das Loch für einen Stausee zu nutzen und durch den Tunnel das Wasser ins Kraftwerk nach Lavamünd zur Stromerzeugung zu leiten. So habe Soboth mit einem wunderschönen, fjordartigen See eine weitere Attraktion bekommen. Wer weitere Geschichten kennenlernen möchte, lasse sich diese von den Einheimischen erzählen oder umrunde einfach gegen den Uhrzeigersinn das Dorf. Der Weg führt vom großen

Die Grenzlandschule in Soboth war bis 2012 in Betrieb.

Wanderschuh an den Gasthöfen Messner und Mörth vorbei zu einem Waldweg, an dem weitere Sagen über schöne Frauen, den Teufel, einen Jäger und einen Wassermann präsentiert werden. Am Nordende des Ortes steht die alte Schule, die in Folge des Friedensvertrages von St. Germain, der nach dem Ersten Weltkrieg die Auflösung der Habsburgermonarchie samt neuer Grenzziehungen nach sich zog, 1926 gebaut wurde. Kaum zu glauben, dass in der Blütezeit der Schule, die man 2012 wegen zu geringer Schülerzahl schließen musste, hier einmal über 100 Kinder unterrichtet wurden. Weitere Sagen, etwa über einen Pfarrer oder eine verzauberte Braut, werden auf Tafeln im Umkreis der Kirche erzählt. Die schindelgedeckte Jakobus-Kirche

Alte Wanderschuhe können hier an den Nagel gehängt werden.

liegt am weststeirischen Jakobsweg von Thal bei Graz bis Lavamünd. Sie ist ein schlichter Bau aus dem Ende des 17. Jahrhunderts, innen mit einem Netzrippengewölbe und einem modernen Volksaltar ausgestattet.

Ein kulturelles Zentrum, ganz aus Holz gebaut und mit einem spektakulären Schindeldach versehen, ist das Jakobihaus unweit der Pfarrkirche. Es ist ein Begegnungszentrum, im dem lokales Kunsthandwerk wie die Glasmacherkunst sowie kulinarische Spezialitäten aus der Region präsentiert werden. Die Dauerausstellung „Glasmacherzeit" im Obergeschoss hat die Glaserzeugung des 19. Jahrhunderts zum Thema. Im nahen St. Vinzenz waren damals bis zu 700 Handwerker mit der Erzeugung von Hohl-, Tafel- und Spiegelglas beschäftigt, das bis nach Versailles, Moskau und St. Petersburg verkauft wurde. Grundlage für die Glaserzeugung waren die reichen Quarzvorkommen auf der Koralpe und der Waldreichtum der Region. Im Gespräch mit Einheimischen kann man im Jakobihaus auch viel über Soboth und seine Menschen erfahren. So stammt der Ortsname vom slawischen Wort *potòk* für „Bach" ab, gemeint sind hier Feistritz und Krumbach. Von manchen werden die Sobother auch als „eigenartige Weststeirer" beschrieben, deren sprachliche Eigenheiten mit denen der ehemaligen Untersteirer und der Kärntner verwandt sind. Bis nach Soboth führt auch der slowenische Teil des Jakobswegs.

Auf dem Weg zurück zum Startplatz des Ortsrundgangs motiviert die Jakobiwand, alte Wanderschuhe an den Nagel zu hängen. Vielleicht sollte man sich wirklich neue zulegen, liegt Soboth doch am weststeirischen Abschnitt des Jakobswegs beziehungsweise des Mariazellerweges und ist Ausgangs- und Knotenpunkt unzähliger weiterer unterschiedlich langer Wanderwege. Der Pilgergasthof Mörth hat eine Wirtsstube mit Naturholzboden und einen besonders schönen Gastgarten. Die Wirtin ist zudem eine Bücherfreundin und man kann lesend ein Bierchen oder einen Kaffee genießen.

Besonders interessant und aufschlussreich bezüglich des Lebens der Menschen im Grenzland ist eine zweite kurze Wanderung. Es geht dabei um Luca Sekolovnik (*1925), einem im steirisch-slowenischen Grenzgebiet zweisprachig aufgewachsenen, ursprünglich staatenlosen Holzfäller aus dem slowenischen Pernice. Eine gute Einführung dazu ist das Buch „Schwarze Nebel – weiße Hände" der Autorin Alexa Wild. Gestartet wird beim Gasthof Strutz in Laaken südlich des Dorfes Soboth. Wir nehmen den Weg oberhalb des Gehöftes, schwenken bei einer Holzhütte nach links und kommen am verwaisten Zollhaus vorbei an die österreichisch-slowenische Grenze. Der gut beschilderte Weg nach Pernice (Pernitzen) führt zuerst an einem Bauernhof und schließlich an einem schönen Wegkreuz vorbei. Nach etwa 50 Minuten erreichen wir den Weiler Pernice und seine Kirche, die den Heiligen Simon und Judas geweiht ist. Von einer mächtigen Friedhofsmauer umgeben, steht sie auf einem Platz mit schönem Blick in das Drautal. In Pernice wuchs Luca Sekolovnik zwischen den beiden Weltkriegen in einer Keusche auf. Als Bub hütete er für den Pfarrer Vieh, anstatt in die Schule zu gehen. Anders als seine Mutter, seine Bekannten und Schulkollegen überlebte er die Kämpfe zwischen SS und Partisanen und war dann Zeit seines Lebens Holzfäller.

Oberhalb der Kirche gibt es mit der Grabstätte der Gefallenen eine Erinnerungsstätte an die Kämpfe um

Lacko im März 1945 und damit an die tragischen Ereignisse im Grenzland gegen Ende des Zweiten Weltkrieges. Dabei wurden von den Soldaten der Waffen-SS 17 Kämpfer der Partisanen sowie alle Bewohner des Skorianc-Hofes getötet. Eine historische Entscheidung gab es 1920 im nahen Bergkirchlein St. Urban: Hier entschieden sich die Sobother im Rahmen einer Abstimmung für den Verbleib bei Österreich, verloren aber mit dem Drautal ihr wirtschaftliches Hinterland. Von Pernice aus kann man über die Wallfahrtskirche St. Urban die Wanderung etwas verlängern oder auf gleichem Weg wieder zum Gasthaus Strutz zurückgehen.

17

Schwierigkeit	leicht
Länge	800 m bzw. 6 km, etwa 30 hm
Gehzeit	20 Minuten bzw. 1,5 Stunden
Anreise	mit öffentlichen Verkehrsmitteln mit S6 zum Bahnhof Wies-Eibiswald, von dort mit Regionalbus 782 nach Soboth; mit dem Auto zum Parkplatz in Soboth (N46°40'51" E15°04'32") bzw. zum Gasthof Strutz (N46°39'16" E15°05'28").
Kulinarik	Gasthof Mörth, Tel. +43 (0)3460 208
Infos	Tourismusverband Schilcherland, Tel. +43 (0)3466 43256, +43 (0)664 761912, www.schilcherland.at

St. Anna am Aigen
Diesseits und jenseits eines historischen Grenzbaches

Der kleine Kutschenitzabach hat eine historische Grenz- und Brückenfunktion im Dreiländereck.

Die Wanderung beginnt am Parkplatz am nördlichen Ortsanfang von St. Anna und führt zuerst Richtung Pfarrkirche. Am höchsten Punkt des Ortes bietet eine Aussichtsplattform einen schönen Rundblick. Von dort führen ein paar Stufen hinunter zur gesamtsteirischen Vinothek, in der man über 100 Weine aus der Steiermark verkosten kann. Ein paar Meter weiter steht die Pfarrkirche auf einem Landschaftssporn. Ihre Innenausstattung stammt von dem Südtiroler Barockbildhauer Veit Königer (1729–1792). Eine besondere Darstellung, in der Mutter Anna ihre Tochter Maria das Lesen lehrt, ist am Hochaltar zu sehen. Auf eine weitere Besonderheit des Ortes macht eine Tafel im Vorraum aufmerksam: Aus keiner anderen Pfarre in Österreich stammen so viele Priester, Ordensschwestern und -brüder sowie Laien im kirchlichen Dienst – bis heute sind 36 Priester und Ordensleute aus dem Ort hervorgegangen, darunter ein Kardinal, ein Erzbischof und ein Bischof. Daher wird St. Anna auch als „steirisches Bethlehem" bezeichnet.

Eine Landschaft, zwei Staaten,
getrennt durch den Kutschenitzabach.

Von der Kirche spazieren wir nun über den markierten Europäischen Fernwanderweg E6 Ostsee-Adria bergab und erreichen beim Gasthof Strasser die Straße Richtung Radkersburg. Wir biegen rechts ab und nehmen nach dem Friedhof links den Weitwanderweg 07 (Ostösterreichischer Grenzlandweg Thayatal-Rust-Bad Radkersburg). Weitere Wege links und rechts davon bleiben unbeachtet. Nach einem Waldstück kommen wir zu einem Pestkreuz, hier gehen wir auf einen Feldweg etwa

100 Meter weiter. An dieser Stelle befindet sich ein kleines Denkmal für die in der unmittelbaren Nachkriegszeit vertriebene deutsche Minderheit mit Blick auf die ehemals deutschsprachigen Dörfer jenseits der Grenze. In Sichtweite Richtung Osten befindet sich die Staatsgrenze, die der Kutschenitzabach (Kučnica) bildet. Er hat eine historische Grenz- und Brückenfunktion und bildete seit dem Mittelalter die Grenze des Königsreichs Ungarn zur Steiermark. Bis in die heutige Zeit haben kleine Grenzübergänge im Einzugsbereich des Baches eine besondere Bedeutung für Pendler und Personen aus der Land- und Forstwirtschaft („kleiner Grenzverkehr").

Wir gehen wenige Meter zurück und biegen beim Pestkreuz wieder rechts in die schmale Straße ein, die uns abwärts bis zum alten Zollhäuschen beim Grenzübergang ins slowenische Dorf Kramarovci führt. Ein paar Meter weiter erinnert ein Mahnmal an ein Lager, in dem ungarisch-jüdische Zwangsarbeiter und Zwangsarbeiterinnen ab Jänner 1945 interniert waren und unter unmenschlichen Bedingungen beim Bau des Südostwalls – vom NS-Regime zum Schutz gegen die Rote Armee an den äußersten Grenzgebieten errichtet – mitarbeiten mussten.

Wir gehen wieder zurück zum Zollhäuschen und wandern geradeaus über den Kutschenitzabach auf das slowenische Dörfchen Kramarovci zu. Man durchwandert nun das Dorf bis zur Ortsendetafel auf einer Kuppe. Hier nehmen wir gegenüber der Abzweigung nach Fikšinci einen Feldweg nach links. Bald erreicht man eine schmale Asphaltstraße, die wir etwa 100 Meter bergauf gehen. Hier geht es gleich wieder halblinks auf einem Feldweg weiter. Nach einem knappen Kilometer kommt man zu einem Denkmal mit Hammer und Sichel, das an gefallene Soldaten der Roten Armee erinnert. Ein paar Meter weiter kommen wir zu einer Kreuzung, wo wir die schmale Straße geradeaus weiter gehen, bis wir die weithin sichtbare Kuppe am Serdiški breg (Serdica Hügel, N46°49'48" E16°00'47") erreichen. Dieser am äußersten Rande der Grazer Bucht gelegene Hügel aus paläozoischen rötlichen Schiefern ist Teil des Naturparks Raab-Őrség-Goričko und mit 416 Meter Höhe die zweithöchste Erhebung in der Region Prekmurje.

Nun wandern wir etwa 350 Meter bergab zurück und nehmen rechts vor einem rosafarbenen Gehöft den Weg in den Wald hinein. Der schöne Waldpfad bringt uns über die Grenze wieder zurück nach Österreich und wir erreichen nach ungefähr 1,5 Kilometern das Dreiländereck Slowenien-Steiermark-Burgenland. Hier befindet sich der Grenzstein Oe/RS I 277-01 (Maria-Theresien-Stein) aus einem Kalksediment: Er markierte ursprünglich die Grenze zwischen dem Herzogtum Steyer und dem Königreich Ungarn. Er ist gleichzeitig ein Symbol für eine Grenze, an der fast 200 Jahre Frieden herrschte. Gleich daneben steht ein weißer Steinquader,

der den heutigen Grenzverlauf sichtbar macht. Zur Zeit des Kalten Krieges war zwischen dem neutralen Österreich und dem blockfreien Jugoslawien die Grenze hier nicht passierbar. Erst nach dem Fall des Eisernen Vorhangs (1998), der Unabhängigkeit Sloweniens (1993) und dem EU-Beitritt des Landes (2004) ist das Dreiländereck wieder frei zugänglich.

Nach etwa 200 Metern, knapp vor der Buschenschank Hackl, biegen wir in den Feldweg links ein (Wegweiser St. Anna, Weitwanderweg 07), spazieren den Riedel

18

Schwierigkeit	mittel
Länge	etwa 12 km, 150 hm
Gehzeit	rund 3 Stunden
Anreise	mit öffentlichen Verkehrsmitteln Bahnhof Bad Radkersburg und von hier mit dem Bus 409 nach St. Anna; mit dem Auto zum Parkplatz im Zentrum von St. Anna/Aigen (N46°50′06″ E15°58′29″).
Kulinarik	Gasthaus Fischer, Tel. +43 (0)3158 2259
Infos	Tourismusverband St. Anna/Aigen, Tel. +43 (0)3158 2212 www.urlaub-der-sinne.at

bergab und wandern den Gegenhang bergauf. Wir gehen diese Straße einfach weiter und erreichen bei der Mittelschule von St. Anna die Straße ins Ortszentrum und zurück zu unserem Ausgangspunkt. Hier im Zentrum können wir die Wanderung im Gasthaus Fischer, dem ältesten Familienbetrieb in St. Anna, unter den über 150 Jahren alten Kastanienbäumen ausklingen lassen.

Wer in St. Anna noch eine zweite Wanderung anschließen möchte, dem sei der „Weinweg der Sinne" (14 km) besonders empfohlen.

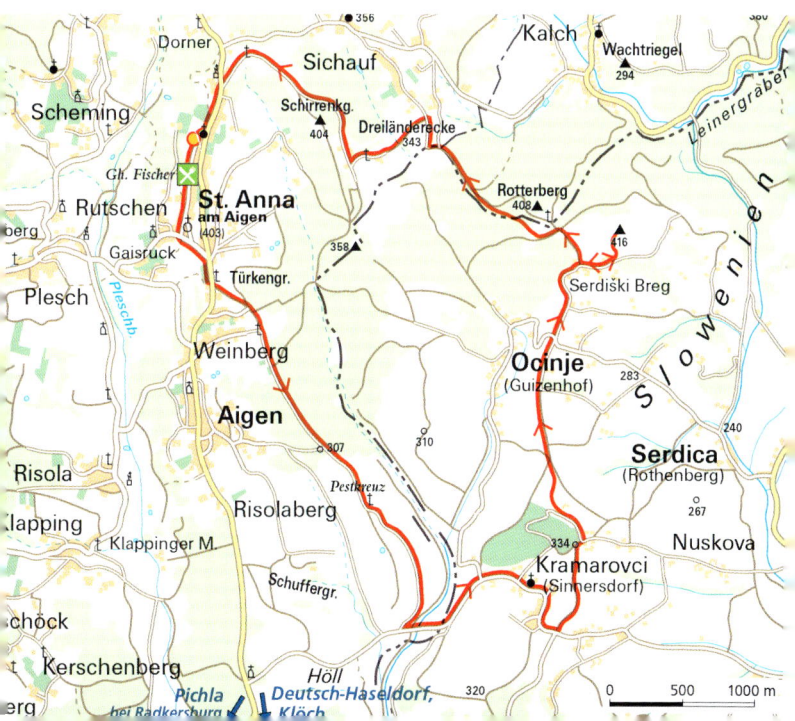

Deutsch Haseldorf
Weg der Freundschaft

Von den Gemeinden Klöch und Cankova wurde der länderübergreifende „Weg der Freundschaft" (Pot prijateljstva) eingerichtet, der auch die kulinarischen Köstlichkeiten diesseits und jenseits der Grenze würdigt.

Der „Weg der Freundschaft" beginnt eigentlich bei der Vinothek in Klöch, die hier vorgestellte, etwas verkürzte Variante startet allerdings bei der Skulptur „Weltoffenheit", einer Weltkugel in Deutsch Haseldorf. Dort nehmen wir zuerst den Traminerweg Richtung Süden, der an der Buschenschank Frühwirth und am Hofladen Mirtl (Selbstbedienung) vorbeiführt. Vor dem Haus Nr. 83 biegt man links ab und erreicht auf einem Pfad durch die Weingärten schließlich das Weingut Gschar. Hier gibt es eine weitere Selbstbedienungs-Labestation mit Vertrauenskasse.

Bald danach zweigt der Traminer-Weg nach rechts ab, wir folgen bergab aber nun dem Wegweiser „Weg der Freundschaft" – allerdings zuerst entgegen der Pfeilrichtung. Nun geht es durch die Ortschaft Gruisla weiter bergab bis zu einem Kreuz auf einer kleinen Verkehrsinsel. Hier wandern wir links weiter bis zu einer T-Kreuzung, die schon fast am Talgrund liegt. Nun nehmen wir

Üppiger Blumenschmuck unterstreicht
die slowenische Gastfreundschaft.

aber nicht den Radweg nach links, sondern wenden uns
nach rechts, dem „Weg der Freundschaft" (ab nun in
Pfeilrichtung) Richtung Süden folgend. An einem Teich
vorbei biegen wir nach etwa 700 Metern links ab und erreichen kurz danach direkt den Kutschenitzabach. Hier
folgen wir rechts dem Feldweg, bis wir das alte Grenz-
häuschen nördlich der kleinen Siedlung Pölten erreichen.
Dieser ehemalige kleine Grenzposten wird zu einem kleinen Museum ausgebaut, das die historische Bedeutung
des Häuschens für den kleinen Grenzverkehr und damit
für die Menschen dieser Region dokumentieren soll. Die
Kutschenitza ist der Grenzbach zwischen Österreich und

Slowenien, der beispielsweise mit der Weißen Narzisse, auch Dichter-Narzisse genannt (lat. Narcissus poeticus), an den wenigen ungedüngten Ufern eine besondere Flora zu bieten hat. Hier in Pölten führt eine „Friedensbrücke" nach Gerlinci in Slowenien. Kunstobjekte, die Frieden, Freiheit und Freundschaft symbolisieren sowie auf das Verbindende hinweisen, findet man direkt an der Brücke. Auf der slowenischen Seite der Brücke steht der „Friedensjunge", der eine Laterne mit dem Feuer des Friedens in Händen hält. Er erinnert an den Spruch des slowenischen Dichters France Prešeren (1800–1849), dessen Motto „Frei sei dann jedermann, nicht Feind, nur Nachbar mehr fortan" das zukünftige Zusammenleben der beiden Länder Slowenien und Österreich prägen soll.

Wir gehen über die Brücke und folgen auf slowenischem Gebiet zuerst kurz einer asphaltierten schmalen Straße. Der weitere Wanderweg führt dann halbrechts auf einem Waldpfad durch einen schönen Mischwald, bis man wieder auf die Landstraße kommt. Vorbei am Weingut und der Buschenschank Kozelin geht es dann zu dem Ort Gerlinci hinauf, der auf einem schönen Landschaftsrücken liegt. Zuerst kommen wir an einer Gostilna vorbei, bevor wir auf der Höhe der Kirche die Ortsmitte erreichen.

Wir wandern auf der Straße weiter Richtung Norden bis zur Aussichtswarte am Jozlov Breg (357 m), die einen prächtigen Blick in alle Himmelsrichtungen bietet. Hier müssen wir uns entscheiden, ob wir dem beschilderten

Wanderweg nach Deutsch Haseldorf durch den Wald bergab folgen, oder das Sträßchen bis zum Feuerwehrhaus von Fikšinci weitergehen. Die erste Variante bietet an heißen Tagen einen schattigen Weg durch den Wald und führt am Hof der Familie von Gabriela Gomboc, einer ausgezeichneten Brotbäckerin, vorbei. Ein Stück weiter, am Bauernhof Hanzel, wird Fleisch vermarktet, in dessen Nachbarschaft liegt das Weingut Sampl.

Wandert man von der Aussichtswarte weiter Richtung Fiksinci, beginnt eine Riedelwanderung mit schönen Ausblicken. Vor dem Feuerwehrhaus nimmt man den Weg links bergab und kommt wieder ins Tal der Kutschenitza

19

Schwierigkeit	mittel
Länge	etwa 12 km, 120 hm
Gehzeit	rund 4 Stunden
Anreise	mit öffentlichen Verkehrsmitteln Bahnhof Halbenrain, von hier mit dem Bus 577 nach Klöch, mit dem Taxi nach Deutsch Haseldorf; mit dem Auto zum Parkplatz beim Weinlandhof (N46°46'51" E15°58'33").
Kulinarik	Weinlandhof, Tel. +43 (0)3475 2860, www.wlh.at
Infos	Vinothek Weinbauverein Klöch, Tel. +43 (0)3475 2097, www.vinothek-kloech.at

zum Grenzübergang nach Deutsch Haseldorf. Nun muss man sich – wieder auf der österreichischen Seite – etwas bergauf mühen, doch Labestationen bei den Weingütern Tomaschitz und Kerschlerhof entschädigen für die Anstrengung. Die letzten paar Meter in Deutsch Haseldorf hinauf zur Verbindungsstraße Radkersburg–St. Anna führen wieder durch einen Weingarten, bevor man bei der Kapelle des Ortes nach links abbiegt. Jetzt sind es nur mehr wenige Meter bis zum Ausgangspunkt, der Weltkugel gegenüber dem Weinlandhof, der mit einer Einkehr belohnt.

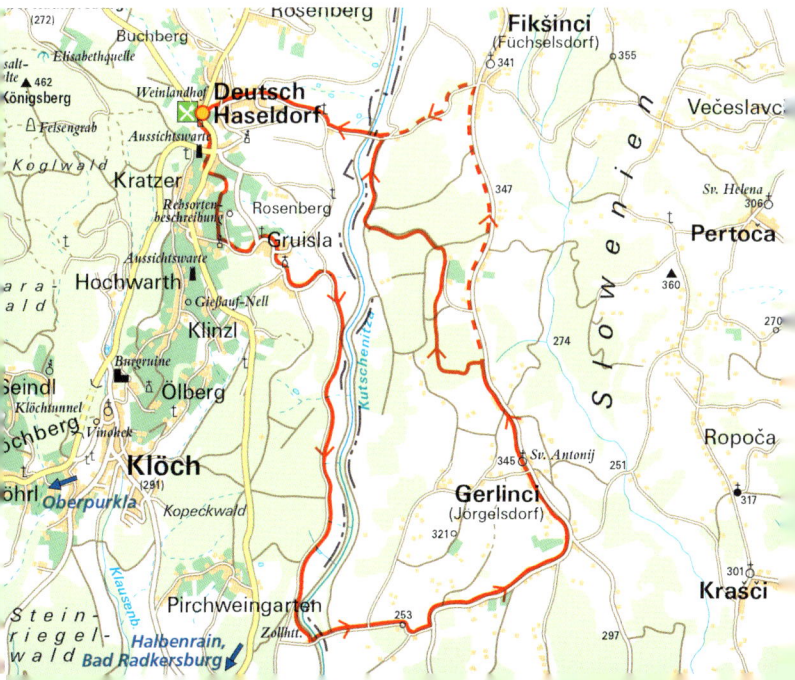

Bad Radkersburg und Gornja Radgona (Oberradkersburg)
Grenzenlose Grenzstädte

Radkersburg und Gornja Radgona – einst waren sie eine Einheit, dann Jahrzehnte getrennt, jetzt wachsen sie wieder zusammen.

Wir beginnen unseren Rundgang durch die zwei Städtchen am Parkplatz Stadtgraben an der Ostseite von Bad Radkersburg. Hier ist der massive, fast vollständig erhaltene Befestigungsgürtel aus dem 16. Jahrhundert zu sehen. Unter der Leitung italienischer Baumeister wurde dieser Wall gegen die damals wachsende Bedrohung durch die Osmanen gebaut. Vom Parkplatz spazieren wir Richtung Westen zur Mariensäule am Hauptplatz, die an die Pestepidemie von 1680 erinnern soll. Von hier hat man einen schönen Blick auf das Ensemble der Häuser, die einst von wohlhabenden Adeligen und Bürgern bewohnt waren. Wegen der Lage des Ortes an wichtigen Handelswegen ließen sie sich in Radkersburg nieder, um diesen Standortvorteil zu nutzen.

Das Wahrzeichen der Stadt, der im unteren Teil gotische Rathausturm, erinnert mit einer Inschrift und Gedenktafel und an die Gefallenen des Freiheitskampfes

Der „Rufer" auf dem Stadtturm von Bad Radkersburg soll
an die Gefallenen des Freiheitskampfes 1919 erinnern.

von 1919. Die Grenzen standen nach dem Ersten Weltkrieg zwischen Österreich und dem Königreich der Serben, Kroaten und Slowenen (SHS-Staat) nicht gleich
fest, und so besetzten Soldaten des neu entstandenen
SHS-Staates den Ort. Dabei kam es am 4. Februar
1919 unter dem österreichischen Offizier und Volks-
wehr-Mitglied Johann Mikl/Mickl zu einem Aufstand
gegen die Besatzer, der durch einen Verrat fehlschlug.
Gegen den Tausch mit dem Abstaller Becken blieb Radkersburg laut Friedensvertrag von St. Germain bei Österreich und wurde eine geteilte Grenzstadt.

Am Brunnen des Hauptplatzes vorbei überqueren wir die Langgasse und gehen fast geradeaus in die Dechanthofgasse weiter, wo sich linker Hand das Palais Herberstorff befindet, das einen beindruckenden Renaissance-Arkadenhof besitzt. Am Dechanthof vorbei kommen wir zur Stadtpfarrkirche, die durch ihre Lage an der Befestigungsmauer auch eine wehrtechnische Funktion hatte. Das Eingangsportal an der Ostseite ist aus Aflenzer Sandstein, sowohl außen als auch an den Innenmauer findet man Grabsteine bedeutender Familien der Stadt. Besonderheiten der Innenausstattung sind ein Gnadenbild der Schwarzen Madonna von Tschenstochau am Hochaltar und ein Freskenrest des Radkersburger Architekten und Malers Johannes Aquila aus dem 14./15. Jahrhundert. Wir verlassen die Kirche und gehen über die Kirchengasse in die Langgasse, biegen links ein und schwenken dann gleich rechts in die Emmenstraße. Früher hieß sie Sporgasse, benannt nach den hier ansässigen Sporenmachern und Waffenschmieden. Im Haus Nr. 9 befindet sich das „Museum im alten Zeughaus", das neben temporären Sonderausstellungen die wechselvolle Geschichte der Stadt hervorragend präsentiert. Es bietet museumspädagogische Führungen für alle Altersgruppen an, speziell für Kinder und Jugendliche. Nun kommen wir über die Bindergasse, benannt nach den einstigen Fassbindern, zum Hauptplatz. Diesen überqueren wir und gelangen durch einen barocken

Torbogen zum idyllisch gelegenen Frauenplatz. Die spätbarocke Frauenkirche schmückt ein bemerkenswertes Eingangstor, ein Werk des steirischen Bildhauers, Malers und Grafikers Franz Weiß (1921–2014).

Rund um diesen Platz wohnte während des Mittelalters die jüdische Bevölkerung Radkersburgs, bevor sie nach einem Erlass Maximilians I. 1574 vertrieben wurde. Von hier spazieren wir in die Murgasse, biegen rechts ab und gehen über die „Murnockerln", das sind durch den Transport im Wasser abgerundete Steine, zur Langgasse. Links geht es weiter zum ehemaligen Grazer Tor, das 1887 abgerissen wurde. Heute dominiert ein Gebäude aus der Zeit des Historismus den Platz. Im gegenüberliegenden Haus machte Johann Puch (1862–1914), mit

Symbol für Frieden und Versöhnung ist die Glocke von Gornja Radgona.

den Grazer Puchwerken der Begründer der steirischen Zweiradindustrie, seine Lehre. Im kleinen Park neben dem Finanzamt befindet sich das Siegesdenkmal der Roten Armee aus dem Jahr 1945. Von hier gehen wir weiter und biegen rechts auf die Murbrücke ab. Die Brücke ist ein Gemeinschaftsprojekt von Jugoslawen und Österreichern und wurde 1969 durch die beiden Staatspräsidenten Josip Broz Tito und Franz Jonas feierlich eingeweiht. Seither verbindet sie die Städte Bad Radkersburg und Gornja Radgona und ist ein Symbol für das Zusammenleben von zwei Städten mit Bewohnern

Eine Herkulesstatue „bewacht" Schloss Oberradkersburg.

unterschiedlicher Muttersprachen, aber mit einer gemeinsamen Geschichte. Man kann sie als „Labor" für den europäischen Gedanken und als Testfall für das Zusammenleben in der EU betrachten.

Nach dem Überqueren der Brücke befinden wir uns auf slowenischem Staatsgebiet und nehmen rechts die Stufen hinauf zum Schloss Oberradkersburg. Es ist ein dreigeschossiger Vierkanter mit einem Renaissance-Innenhof und befand sich ehemals im Besitz der Familien Stubenberg und Herberstein. Hier ist eine Besichtigung der Innenräume des Schlosses möglich, außerdem bietet sich von dort eine schöne Sicht auf die Stadt. Wir verlassen den Schlossberg und wandern über die Grajska Cesta bergab, biegen bald links in die Čremošnikova ulica ab und erreichen am Maistrov trg den Fuß des Schlossberges. Hier ist in der „Allee der Großen" in Form von Büsten eine Reihe sehr unterschiedlicher Persönlichkeiten versammelt, die alle das politische, kulturelle und gesellschaftliche Leben der Region beeinflusst haben. Gleich oberhalb befindet sich die Pfarrkirche von Gornja Radgona. Vor ihrem Eingang ist ihre fünfte Glocke, die „Stumme", als Symbol für Frieden und Versöhnung aufgestellt. Der Glockenturm selbst wurde am 2. Juli 1991 von einer Granate der jugoslawischen Armee getroffen und zerstört. In unmittelbarer Nachbarschaft befindet sich das „Museum Špital" mit der sehenswerten Dauerausstellung „Die Brücken von Radgona". Diese präsentiert

Ein Hinweis auf den Ursprung der steirischen Zweiradindustrie in Bad Radkersburg.

nicht nur die Geschichte von Brücken als Bauwerke, sondern es geht im übertragenen Sinn auch um das Verbindende zwischen zwei Ländern unterschiedlicher Sprache, die seit Besiedlung dieses Raumes hier miteinander leben. Von hier gehen wir durch die Jurkovičeva ulica wieder zur Grenzbrücke zurück und kommen an der Sektkellerei

20

Schwierigkeit	leicht
Länge	etwa 4 km, Steigung unerheblich
Gehzeit	rund 75 Minuten
Anreise	mit öffentlichen Verkehrsmitteln Bahnhof Bad Radkersburg; mit dem Auto Bad Radkersburg, Parkplatz Stadtgraben N46°41'16" E15°59'27"; Anreise zum Pavelhaus: Laafeld 30, N46°41'16.3" E16°00'16.2"
Kulinarik	Metzgerwirt, Tel. +43 (0)3476 2168, www.metzger-wirt.at

„Dom Penine" vorbei. Hier wird der Sekt „Radgona Gold" bereits seit 1852 nach traditionellem Verfahren erzeugt. Kellerbesichtigungen mit Verkostung sind täglich möglich. Der Weg durch die „grenzenlosen Grenzstädte" führt uns wieder über die Murbrücke zum Hauptplatz und damit zum Ausgangspunkt des historischen Stadtspaziergangs zurück. Sucht man in der Stadt noch eine Einkehr, sei der Metzgerwirt gegenüber vom Museum empfohlen, in dem es neben anderen auch Köstlichkeiten aus der eigenen Metzgerei gibt.

Tipp: Nicht versäumen sollte man hier im Grenzland den Besuch des Pavelhauses in Laafeld (Potrna) bei Radkersburg. Es ist das Kulturzentrum der slowenischsprachigen Minderheit in der Steiermark und bietet ständige und wechselnde Ausstellungen.

Infos   Tourismusverband Bad Radkersburg;
Tel. +43 (0)3476 2545-0, www.badradkersburg.at
Museum im Alten Zeughaus, Bad Radkersburg,
Tel. +43 (0)3476 350010300
www.museum-badradkersburg.at
Pavelhaus, Laafeld 30,
Tel. +43 (0)3476 3862,
www.pavelhaus.at

Donnersdorf Au
Durch den Biosphärenpark nach Apače (Abstall)

Die Wanderung führt durch den in Entstehung begriffenen ersten grenzüberschreitenden Biosphärenpark durch fünf Länder.

Am Rande des Murradweges R2 ist bei Donnersdorf Au ein kleiner Parkplatz eingerichtet. Von hier gehen wir etwa 100 Meter westwärts, schwenken nach links und wandern nun über die Geh- und Radwegbrücke geradeaus, bis wir rechter Hand am linken Murufer einen Rastplatz erreichen. Eine kleine Aussichtswarte ermöglicht einen schönen Blick auf die Mur und deren Auenlandschaft. Schautafeln informieren hier über den Auwald, die Mur und den ersten grenzüberschreitenden Fünf-Länder Biosphärenpark, der hier geplant ist. Er soll sich künftig über die Flusslandschaften von Donau, Mur und Drau erstrecken und länderübergreifend Gebiete in Österreich, Slowenien, Ungarn, Kroatien und Serbien umfassen. Ziel des Biosphärenpark-Projekts ist es, zusammen mit der lokalen Bevölkerung eine nachhaltige Entwicklung der Region umzusetzen. So wird zum Beispiel hier auf das Lernnetzwerk „River'scool" gesetzt, das sich mit Themen wie Flussregulierung und -rückbau sowie deren

Beschauliche Wege führen durch die Murauen.

Auswirkung auf Menschen und Natur befasst. Bei baulichen Maßnahmen setzt man auf eine Aufweitung des Flussbettes, um dessen Eintiefung durch eine künstliche Begradigung zu verringern. Das dient dem Hochwasserschutz, wirkt sich positiv auf den Grundwasserspiegel aus und belebt den Natur-, Lebens- und Erholungsraum. Der Kiesaushub der Aufweitung ist bereits als kleine Insel in der Mur aufgeschüttet. Diese Maßnahme wirkt sich auch positiv auf den Fischbestand aus, sind doch Schotterbänke wichtige Laichgründe. Mit etwas Glück kann man hier Äschen oder Nasen beim Ablaichen an den seichten Stellen der überfluteten Schotterbänke beobachten. Vor der Regulierung der Mur 1875 bildete der Fischreichtum des Flusses eine wichtige Einnahmequelle für die Menschen. Einmal im Jahr kam es zum Laichzug der Nasen (Bräter), die als „Fische der Armen" galten. Der Ruf „der Bräter kommt" war der Auftakt zum großen Fischen und brachte Abwechslung ins dörfliche Leben.

Wir wandern weiter, schwenken dann nach rechts und überqueren die Mur auf der 84 Meter langen Stahlseilhängebrücke, der Steirerbrücke (Štajerska most). Auf der slowenischen Seite des Flusses gibt es nun eine erste Einkehrmöglichkeit (Bicikl Bar). Wir schwenken hier

Einst war der Fischreichtum der Mur
eine wichtige Einnahmequelle.

Auf Schautafeln wird der Rückbau der
Flussregulierung und sein Nutzen erläutert.

nach links, gehen am rechten Murufer bis zu einer Infotafel über die Tierwelt der Au etwa eineinhalb Kilometer
murabwärts und biegen dort rechts in einen Weg ab, der
uns aus dem Auwald herausführt. Bald sehen wir den
Kirchturm von Apače, auf den wir zugehen. Direkt bei
der Kirche erreichen wir das Ortszentrum, wo es mehrere Einkehrmöglichkeiten gibt.

Apaško polje (Abstaller Feld) mit dem zentralen Ort
Apače (Abstall) ist ein gutes Beispiel dafür, wie globale
politische Entwicklungen die Menschen auf regionaler

Ebene betreffen können. Gehörte das Abstaller Feld mit seiner deutschen Mehrheitsbevölkerung bis zum Ende des Ersten Weltkrieges noch zum Bezirk Radkersburg, wurde es mit dem Friedensvertrag von St. Germain im Jahr 1919 dem Königreich der Serben, Kroaten und Slowenen zugeschlagen. Nach dem „Anschluss" Österreichs an das Deutsche Reich erhofften sich die deutschsprachigen Einwohner von Abstall eine Wende. Ab 1941 versuchte das Deutsche Reich durch seine Umsiedlungspolitik das Rad der Geschichte wieder zurückzudrehen. Nach dem Kriegsende wendete sich das Blatt, und die Sozialistische Föderative Republik Jugoslawien siedelte ihrerseits die verbliebene deutschsprachige Bevölkerung aus. Eine besonders tragische Episode ereignete sich im Zuge dessen im Jänner 1946: Die deutschsprachige Bevölkerung wurde zwischen dem 10. und 16. Jänner 1946 in mehreren Zügen nach Wien gebracht, dort aber von den Alliierten zurückgeschickt. Die Züge mussten Österreich wieder verlassen und blieben bei bitterer Kälte im Grenzbahnhof Murakeresztúr stehen, weil die Tito-Behörden die Wiedereinreise nach Jugoslawien verweigerten. Hier starben 77 Menschen aufgrund von Kälte und Hunger. In der Kirche von Abstall werden auf einer Gedenktafel die Opfer dieser Zeit gewürdigt.

Die wenigen deutschsprachigen Bewohner des Abstaller Feldes haben heute im „Josef-Matl-Haus" in Apače direkt hinter der Kirche ein Kulturheim. Josef Matl (1897–1974) war ein österreichischer Kulturhistoriker und Slawist, der in Apače die Volksschule besuchte und dort zweisprachig aufwuchs. In der Nähe dieses Hauses und der Kirche führt ein junges engagiertes Team die Gostilna in picerija AS (ehemals Zver). Es gibt gute traditionelle Küche, Fisch, Steaks und Pizzas aus einem Brotofen in Form eines Schlosses. Der Rückweg zum Ausgangspunkt der Wanderung führt uns auf dem Dorfweg an der Westseite der Kirche vorbei bis zu einer kleinen Brücke, wo wir dann rechts dem Wegweiser „Kolesarsko Pohodniški Most Črnci" beziehungsweise dem Radweg G-12 Mura–Drava folgen. Vorbei an einem alten Bildstock biegen wir nach einem Haus und einer kleinen dazugehörigen Industriehalle nach rechts und kommen über die Radbrücke zum Ausgangspunkt in Donnersdorf Au zurück.

21

Schwierigkeit	leicht
Länge	etwa 8,5 km, eben
Gehzeit	rund 3 Stunden
Anreise	mit öffentlichen Verkehrsmitteln zum Bahnhof Unterpurkla, dann mit dem Taxi nach Donnersdorf-Au; mit dem Auto nach Donnersdorf-Au (N46°43'24" E15°53'37").
Kulinarik	Gostilna in picerija AS, Tel. +386 (0)31 585048, Facebook: Gostilna in picerija AS
Info	Tourismusinformation, Tel. +43 (0)3476 2545-0, www.badradkersburg.at/halbenrain

Mureck, Trate und Schloss Obermureck
Von Brücken und Grenzen

Mureck ist eine Kleinstadt, die vom slowenischen Nachbarort Trate mit dem Schloss Obermureck (Grad Cmurek) nicht nur durch einen Fluss, sondern auch durch eine Staatsgrenze getrennt ist.

Hier wohnen Menschen auf beiden Seiten der Mur, die in ihrem täglichen Leben wohl die gleichen Freuden und Sorgen haben. Was sie trennt, ist eine Staatsgrenze, die im Laufe der Jahrzehnte wechselweise streng bewacht oder sehr durchlässig war. Wir beginnen den Spaziergang von Mureck nach Trate bis zum Schloss Obermureck am Kirchplatz, der sich nordwestlich etwas abseits vom Zentrum befindet. Der heutige Bau der Stadtpfarrkirche St. Bartholomäus mit seiner reich gegliederten Hauptfassade stammt aus dem späten Barock und wurde auf romanischen und gotischen Vorgängerbauten errichtet. Freigelegte ältere Bauteile wurden durch am Boden verlegte Glasplatten sichtbar gemacht. Die Altäre und die Kanzel stammen aus dem Spätbarock, in der Seitenkapelle links zeigt ein Ölgemälde den hl. Florian und den Marktbrand von 1768. Am Nordostende des Kirchplatzes liegt die Patrizikapelle, deren

Das Rathaus von Mureck, mit Sandsteinreliefs an seiner Turmfront.

Inneres ein barocker Hochaltar und eine Reihe von Statuen schmücken. Das Geburtshaus des aus Mureck stammenden Lehrer und Komponisten Sepp Amschl (1878–1943) befindet sich neben der Kapelle. Am nahen Friedhof sind der legendäre ORF-Moderator Dieter Dorner (1943–2012), Brückenbauer zur Orthodoxie, und der in Mureck geborene Schriftsteller Julius Franz Schütz (1889–1961) begraben.

Nun spazieren wir vom Kirchplatz über den Kirchdamm links zum Hauptplatz weiter. Dieser langgestreckte Straßenplatz mit einer Ausdehnung von 350 x 30 Metern verfügt über eine Reihe von stolzen Bürgerhäusern, an denen meist ortsbildtypisch mit einer sogenannten Streifenflur verbundene Speicherbauten angeschlossen sind. Sehenswert sind beispielsweise die Häuser Nr. 6 im historistischen Stil und einem Stuckrelief eines Widderpaars, das barocke Haus Nr. 13, Nr. 31 mit besonderen Lüftungsluken am Kranzgesims, das Haus Nr. 44 aus dem Biedermeier und das Haus Grazer Straße 10, das Geburtshaus des Schriftstellers Julius Zerzer (1889–1971), Träger des Adalbert-Stifter-Preises. Im Gründerzeithaus Nr. 29, dem Museum der Stadt, ist ein Raum dem Murecker Dichter Julius Franz Schütz (1889–1961) gewidmet. Er war Peter-Rosegger-Preisträger und

Schloss Obermureck soll als Nachbarschaftszentrum aus dem Dornröschenschlaf erweckt werden.

langjähriger Direktor der Steirischen Landesbibliothek. Ein weiterer Raum zeigt Raritäten aus der Film- und Tonwelt des Sammlers Werner Friedl.

Ein architektonisches Kleinod mit einem sechsgeschossigen Turm ist das Rathaus: Die Turmfront zeigt auf sieben Sandsteinreliefs, die dem Vorgängerbau entstammen, eine Reihe von biblischen und mythologischen Themen. Über dem Fenster an der Vorderseite ist eine Büste des Grafen von Stubenberg, über dem Hauptgesims eine Statue von Kaiser Leopold I. zu sehen. Die Mariensäule mit den Schutzheiligen Florian (Feuer) und Donatus (Wetter) stammt aus dem 17. Jahrhundert. Vor dem Haus Nr. 14 befindet sich ein Schillerdenkmal mit Zitaten aus den Werken des Dichters.

Schloss Obermureck thront auf einer Erhebung über der Mur im slowenischen Ort Trate. Um dahin zu gelangen, benutzen wir den Durchgang des Rathauses in Mureck. Wir erreichen über den Lorberplatz, vorbei am Murkostladen mit lokalen Produkten die Austraße, in der wir nach ein paar Metern nach links den Pfad Richtung Murecker Schiffsmühle nehmen. Knapp vor der Mur gehen wir links und wandern murabwärts bis knapp vor die Murbrücke, wo wir nach links schwenken und anschließend auf schmalen Holzbrücken zwei Gerinne überqueren. Diesem Pfad folgen wir, bis man beim Haus Misselsdorf 24 die Straße nach Slowenien erreicht. Wir gehen nun nach rechts und überschreiten auf der

Brücke die Staatsgrenze. In ihrer Fortsetzung führen zuerst ein paar Stufen hinauf zu einem Garten mit einem öffentlichen Brotbackofen, von dort führt ein schmaler Pfad weiter zum Schloss Obermureck (Grad Cmurek). Einst im Besitz der Grafen von Cilli (Celje), später im Eigentum der Stubenberger, wurde das Schloss im 17. Jahrhundert umgebaut und verfügt über einen schönen Renaissance-Innenhof. Die Anlage bot der Bevölkerung von Mureck Schutz, beispielsweise zur Zeit der Türkenkriege. Zeitweise beherbergte das mittlerweile verstaatliche Schloss im Besitz des slowenischen Sozialministeriums eine geschlossene Psychiatrie. Lange lag es in einer Art Dornröschenschlaf. Diesen „Wahnsinn", Menschen wegzusperren und durch gesellschaftlich und politisch konstruierte Grenzen zu trennen, versucht die lokale Initiative „Museum des Wahnsinns (Muzej norosti)" bewusst zu machen und das leerstehende Gebäude als grenzübergreifendes Nachbarschaftszentrum zu

22

Schwierigkeit	leicht
Länge	etwa 5 km, Steigung unerheblich
Gehzeit	rund 1,5 Stunden
Anreise	mit öffentlichen Verkehrsmitteln Bahnhof Mureck, mit dem Auto zum Parkplatz bei der Pfarrkirche (N46°42'32" E15°46'07")

etablieren. Heute wird es als Ausstellungsort, für Workshops oder für einen Pflanzentauschmarkt genutzt. Regelmäßig treffen sich Interessierte hier auch zu einem zweisprachigen Lesekreis. Will man mehr über das Schloss und die Initiative erfahren, kann man sich an die Familie Dorner wenden (Hofladen in der Grazer Straße 14, ganzjährig jeden Freitag am Nachmittag oder anderntags nach Voranmeldung geöffnet, erreichbar unter Tel. +43 (0)664 4974822). Als historische sogenannte Doppelbesitzer bewirtschaften die Dorners einen Bio-Weingarten auch in Slowenien, unweit von Mureck. Vom Schloss Obermureck geht es über die Murbrücke zurück ins Stadtzentrum zum Ausgangpunkt des Spazierganges.

Tipp: Für eine Einkehr bietet sich die herrlich inmitten von Fischteichen gelegene Gostilna Ribiški Dom in Apače an, nur wenige Kilometer vom Schloss entfernt.

| Kulinarik | Ribiški Dom, Zg. Konjišče 16a, Apače, Tel. +386 (0)41 815836, (N46°42'54" E15°49'25"). Buschenschank Kolleritsch Mureck, Tel. +43 (0)3472 2233, www.kolleritsch.eu |
| Infos | Tourismusbüro Mureck, Tel. +43 (0)3472 3459. Hier ist eine Karte mit dem Weg zum Schloss kostenlos erhältlich. |

Weitersfeld
Entlang der Mur diesseits und jenseits der Grenze

Die fast unberührten Murauen westlich von Mureck bieten auf beiden Seiten des Flusses, der auch die Staatsgrenze bildet, ein besonderes Naturerlebnis.

Wir beginnen unsere Wanderung bei der Murfähre (Brod na Muri) in Weitersfeld. Diese Rollfähre, die an einem Stahlseil über den Fluss geführt wird, verbindet als letzte von ehemals fünf Fähren über die Mur die beiden Länder Österreich und Slowenien. Sowohl hüben wie drüben gibt es eine Jausenstation. Um den Fährmann zu rufen, drücken wir die Klingel, die an einem Masten am Ufer angebracht ist. Der slowenische Fährmann (Brodar) tritt nun am gegenüberliegenden Ufer in Sladki Vrh in Aktion und richtet den Bug der Fähre in die Strömung, alles andere erledigt der Fluss selbst. Einst wurden damit bis zu 30 Personen, sieben Stück Vieh oder ein vollbeladenes landwirtschaftliches Fuhrwerk über die Mur transportiert, heute wird die Fähre überwiegend von Fußgängern und Radfahrern benutzt. Hat man sich ans andere Ufer schippern lassen, nimmt man links den Spazierweg bis zur Ortstafel von Sladki

Fährmann, hol über!

Vrh, flankiert von 88 Eschen, die dort anlässlich des To-
des von Staatspräsident Tito 1980 gepflanzt wurden. An
der Ortstafel angelangt, wechseln wir auf den Gehsteig,
der an der Papierfabrik Paloma vorbeiführt. Dieses Un-
ternehmen mit 140-jähriger Vergangenheit produziert
Servietten, medizinische Handtücher und viele andere Produkte. Auf der Höhe des Tuš-Marktes nehmen
wir die Seitengasse nach links bis zur T-Kreuzung und
wandern dort dann rechts weiter, bis wir nach der Ortschaft Sladki Vrh auf einen Schotterweg treffen, der
sich zwischen einem Parkplatz und dem Südufer eines
Fischteiches befindet. Diesen gehen wir bis zum Osten-
de des Gewässers entlang, schwenken dann nach rechts,

überqueren eine kleine Holzbrücke und spazieren weiter murabwärts. Fallweise ist auf dem Weg eine rot-weiße Markierung an Bäumen angebracht. Wir kommen zu einer weiteren schmalen Brücke und gehen hier leicht nach links den Pfad am Grenzpanoramaweg weiter. Bald sehen wir am gegenseitigen linken Ufer die Murecker Schiffsmühle, wenig später kommen wir zu einem landwirtschaftlich genutzten Weg, der bis zur Straße zwischen Mureck und Trate führt. Ein paar Meter weiter erreicht man die Murbrücke. Wir biegen hier links ein, überschreiten die Mur beziehungsweise die Staatsgrenze, gehen dann die Straße Richtung Mureck weiter und

Natur pur auf dem Weg durch die Murauen.

schwenken gegenüber dem Haus Misselsdorf 24 nach links in einen Pfad ein, der uns zuerst über zwei Stege und dann nach rechts drehend wieder an die Mur bringt. Diese wandern wir flussaufwärts und erreichen rechter Hand einen Verbindungsweg, der ins Stadtzentrum von Mureck führt. Wir spazieren hier über eine kleine Brücke und kommen ein paar Meter weiter zu einer Station, die über die Landschaftsformung durch den Murfluss während der Kaltzeiten informiert: Durch Aufschüttung von Sanden und Schottern während der Eiszeit und durch Eintiefungen des Flusses in den Warmzeiten entstand hier eine Terrassenlandschaft, deren unterster Abschnitt die heutige Aulandschaft ist. Wir gehen über den Steg die wenigen Meter wieder zur Mur zurück, schwenken nach rechts und spazieren auf einem Streckenabschnitt des Auerlebnisweges weiter die Mur aufwärts. Auf diesem kann man Wissenswertes über die Entstehung der Au und über deren Tier- und Pflanzenwelt erfahren und dabei an manchen Stationen sogar mit allen Sinnen erproben. Schließlich erreichen wir die an diesem Wanderweg gelegene Murecker Schiffsmühle, die erst 1997 hier nach historischen Vorbildern errichtet wurde.

Die Mühle steht mit der gesamten technischen Anlage einschließlich des Antriebs auf einer schwimmenden Plattform und wirkt wie ein Raddampfer. Bei einer Führung kann man die Funktionsweise einer Mühle, vom Antrieb über die Mahlsteine bis zu den Siebkästen kennenlernen. Im Restaurant Mühlenhof, einem über 250 Jahre alten Bauernhaus, kann man gutbürgerliche steirische Küche genießen. Etwa 50 Meter weiter informiert eine Tafel über das Natura-2000-Gebiet, bevor man nach einem Schlenker über den Mühlgang, immer den Wegweisern Weitersdorf beziehungsweise Spielfeld folgend (Wanderweg 03 oder 791), die Wanderung am Ufer flussaufwärts fortsetzt. In den nächsten 30 Gehminuten gibt es auf Info-Tafeln Aufschluss über geologische Besonderheiten wie Erosion und Anlandung und über die Kräuter und Gehölze der Auenlandschaft. Nach einer Tafel mit einem Überblick über den Auerlebnisweg Murauen verlassen wir diesen Abschnitt

23

Schwierigkeit	leicht
Länge	etwa 12 km, Steigung unerheblich
Gehzeit	rund 3,5 Stunden
Anreise	mit öffentlichen Verkehrsmitteln Bahnhof Weitersfeld/Mur, von dort mit dem Taxi zur Murfähre; mit dem Auto zum Parkplatz vor der Fähre in Weitersfeld (N46°41'48" E15°43'09").
Kulinarik	Restaurant Mühlenhof, www.schiffsmuehle.at Tel. +43 (0)3472 2952
Info	Murecker Schiffsmühle, Tel. +43 (0)3472 2952 Tourismusbüro Mureck, Tel. +43 (0)3472 3459

des Themenwegs und setzen die Wanderung halblinks über einen Steg entlang der Mur fort. Dieses Gebiet ist auch ein Dorado für Bärlauchfreunde, denn das geschätzte Wildgemüse wächst hier im Frühling in großen Mengen. In den Gaststätten in und um Mureck kann man deshalb in dieser Jahreszeit kulinarische Bärlauchschmankerl genießen. Kommt man zur Mündung des Schwarzenaubaches, geht man diesen bachaufwärts bis zu einer Brücke. Hier biegt man nach links, überquert ein wenig später den Mühlgang und nimmt dann geradeaus den Fußweg über ein Feld. An dessen Ende erreicht man wieder die Mur und nimmt rechts den Pfad muraufwärts bis zur Murfähre, dem Ausgangspunkt der Wanderung.

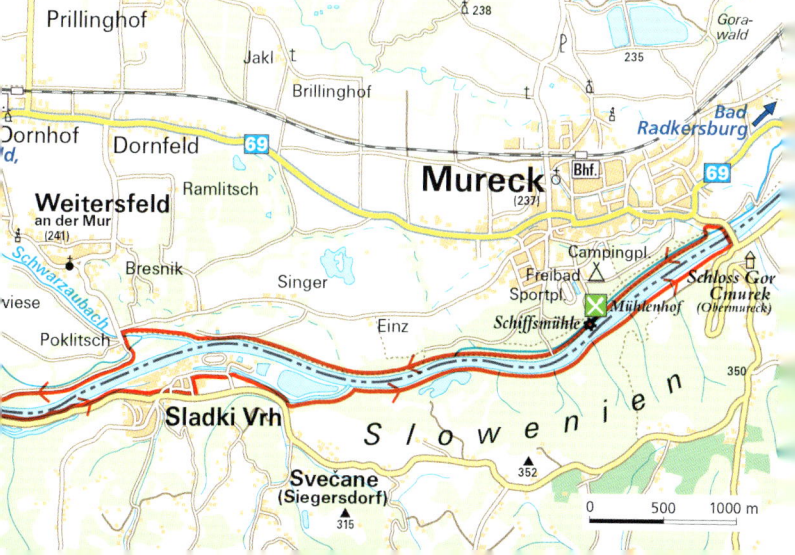

24

Spielfeld-Straß und Platsch
Vom Dilemma der Grenzen

Spielfeld steht nicht nur für bestimmte Grenzerfahrungen: Im nahen Platsch gibt es von der Warte einen spektakulären Blick auf eine wunderbare Landschaft mit vielfältigen Wanderwegen und Weinen höchster Qualität.

Vom Parkplatz auf der steirischen Seite der Aussichtswarte am Platscher Berg (Plački vrh) gehen wir ein paar Meter vor bis zum Haus Graßnitzberg 1, wo wir den zur Warte beschilderten Waldweg rechts nach oben nehmen. Dieser Wegabschnitt ist zudem ein Teil des Wanderwegs „Spielfelder Weingärten – Natur-Kultur-Archäologie", der – mit grünen Wegweisern gut beschildert – interessante Informationen zu diesem Lebensraum liefert. Er gilt auch als Standort vorgeschichtlicher Wehranlagen, auf die eine Infotafel hinweist. Internationale Aufmerksamkeit erfuhr der Maschendrahtzaun, an den wir auf dem Weg nach oben gelangen: Er wurde als Grenzzaun im Zuge der Flüchtlingskrise Ende 2015 errichtet und ist Teil eines „Grenzmanagementsystems" durch die österreichische Polizei und das Bundesheer. Um den Vorwurf zu entkräften, Österreich baue an einem neuen

Hart an der Grenze verläuft dieser Streckenabschnitt der Südsteirischen Weinstraße.

Eisernen Vorhang, sprach der damalige Bundeskanzler Werner Faymann von einem „Türl mit Seitenteilen". 2016 erhielt Spielfeld deshalb von der Arbeitsgemeinschaft für Kartographische Ortsnamenkunde (AKO) erstmals den „Ortsnamen des Jahres" zugesprochen. Spielfeld sei ein „Synonym für das Dilemma Österreichs und Europas, einen Mittelweg zwischen menschlicher Hilfsbereitschaft gegenüber Flüchtlingen und praktischen Erfordernissen zu finden", hieß es in der Begründung der Jury. Achtung: Gegebenenfalls kann der Zugang zur Warte vorübergehend versperrt sein, dann ist dieser Aussichtspunkt nur von slowenischer Seite aus erreichbar. Wir können jedenfalls das „Türl" passieren und bergauf zur Warte gelangen, die einen traumhaften 360-Grad-Rundblick bietet.

Nun verlassen wir das Plateau in südöstlicher Richtung, gehen einen markierten Pfad bergab, wandern kurz den Maschendrahtzaun entlang und passieren das nächste „Türl". Damit ist wieder österreichisches Staatsgebiet erreicht, und wir schwenken sofort nach rechts und wandern entlang des Zauns bergab. Auf dem Weg bis zur sogenannten Grassnitzburg, einem historischen Herrenhaus, gibt es informative Stationen zu Weinbau-Themen, beispielsweise zu den Rigolböden, also Böden, die vor der Neuanlage eines Weingartens tiefgreifend umgepflügt

Ein ungewöhnliches Bild bieten die Weingärten im Winter.

werden, um das Wurzelwachstum zu fördern. Gleich nach der Grassnitzburg nehmen wir nach links eine schmale Asphaltstraße und kommen am „Garten Polz" vorbei, der nach Vereinbarung besichtigt werden kann. Dort gibt es historische Rosen, längst vergessene Kräuter, Zypressen und alte Olivenbäume zu sehen. Wir wandern beim Haus Nr. 10 geradeaus weiter auf der aussichtsreichen Straße Richtung Hochgrassnitzberg. Dort biegen wir auf der Höhe eines Hotels links in einen Waldweg ab, der uns bergab zum Weingut Armin Polz-Kiefer bringt. Von hier gehen wir eine schmale Asphaltstraße entlang und nehmen bei der nächsten Kreuzung halblinks die Straße bergauf zur nächsten kleinen Kreuzung. Geht man nun nach links, erreicht man das Weingut Polz. Diese Familie nutzt schon seit Generationen diese geografische Gunstlage und produziert Weine von hoher Qualität. Wir können an dieser Weggabelung auch gleich rechts weiterwandern, immer den Wegweisern „Spielfelder Weingärten – Natur-Kultur-Archäologie" nach. Dort erfahren wir, was „Legesteinmauern" sind, danach geht es einen schmalen Schotterweg bergauf. Wir kommen zu einer Kreuzung, von der es rechts zur Buschenschank Trummer und links zu den Stationen 11 und 12 geht. Unglaublich, aber wahr: Hier befand sich im Miozän, also vor 24 bis fünf Millionen Jahren vor Heute der Rest des Weltmeeres Tethys, und so stehen wir hier vor einem ehemaligen Korallenriff.

Im Bereich der heutigen Weingärten von Obegg lebten in einer Meeresbucht die Vorfahren von Walen und Seekühen. Der geologische Untergrund der Weingärten um Grassnitzberg und Obegg besteht zum Teil aus Sedimenten, die von Flüssen aus dem steirischen Randgebirge hierher transportiert und abgelagert wurden, und zum Teil aus einem einstigen Riff aus Korallenkalk. Dieser Boden ist die Basis für einen besonders würzigen Sauvignon Blanc mit feiner Mineralik. Weitere Stationen am Wanderweg beschäftigen sich beispielsweise mit dem Wein und dem Klima. Die Wanderung führt nun geradeaus weiter zu einem Waldweg, den wir bergab nehmen. Schließlich erreichen wir das Haus 31, wo wir rechts in eine schmale Asphaltstraße einbiegen. Diese führt uns in den Katzenbachgraben, den wir links bergauf weitergehen. Vorbei bei der Station 7, die über das Ökosystem „Bach" informiert, geht es bergauf zum Weingut Primus. Von dort folgen wir der Nebenstraße rechts aufwärts, bis uns der Wegweiser nach rechts in einen Waldweg führt. Hier erfahren wir etwas über Mimese und Mimikry in der Tierwelt, also der Fähigkeit, durch Tarnung den Feind in die Irre zu führen. Außerdem lernen wir „Neobiota" kennen, also nichtheimische Pflanzen und Tiere wie das Drüsen-Springkraut oder den Riesen-Bärenklau. Nun erreichen wir wieder die Straße, wo wir linker Hand schon unseren Ausgangspunkt sehen. Es lohnt aber, noch ein paar Meter nach

Staatsgrenze mit „Türl".

rechts zu spazieren. Einerseits gibt es hier einen wundervollen Blick bis zum Schöckl und ins Steirische Vulkanland, andererseits befindet sich hier mit dem Weingut Tement ein weiterer Top-Winzer.

Im unmittelbaren Nahbereich dieser Route gibt es weitere schöne, unterschiedlich lange Wandermöglichkeiten. So haben die Orte Ratsch und Svečina eine „Nordic Walking Vinotour" mit Streckenlängen zwischen 11 und 24 Kilometern eingerichtet, die an vielen hervorragenden Einkehrmöglichkeiten (Gross, Zweytick, Pilch,

Schwierigkeit	mittel
Länge	etwa 5,5 km, 270 hm
Gehzeit	rund 2 Stunden
Anreise	Parkplatz auf der österreichischen Seite der Aussichtswarte (N46°42'04" E15°36'54").
Kulinarik	Gostišče Vračko, Tel. +386 (0)2 6564311, www.vracko.si/de
Info	Tourismusbüro Ehrenhausen, Tel. +43 (0)3454 7070, www.suedsteirischeweinstrasse.com TIC Svecina, +386 (0)41 917001, www.svecina.com Garten Polz, Hochgrassnitzberg, Tel. +43 (0)664 88657083, www.polz-garten.at. Gartenführung nur mit telefonischer Anmeldung. Vinotour (Frau Pika Radmilovič), Tel. +386 (0)41 938800 Zu diesen Wanderungen gibt es auch eine gut gestaltete Wanderkarte (www.potka.si/nw_vinotour.de)

Gaube, Valdhuber, Jarc, Elšnik, Leber etc.) vorbeiführt. Im April (mit Start in Ratsch) und im September (mit Start in Svečina) werden geführte Wanderungen auf fünf Strecken durch das steirisch-slowenische Weingebiet angeboten (siehe Info „Vinotour"). Sucht man eine Übernachtungsmöglichkeit, so findet man beispielsweise im Gasthof „Gostišče Vračko" in Jurij/Langegg eine gute Adresse. In dem wahrhaft gastlichen Haus verbindet sich kulinarisch die Steiermark mit der mediterranen Region.

Gamlitz und Kungota
Willkommen am Grenztisch!

Diese Wanderung führt entlang einer Staats- und Sprachgrenze und lädt mit einem Tisch zum gegenseitigen Kennenlernen der deutsch- beziehungsweise slowenischsprachigen Nachbarn ein.

Fährt man von Gamlitz Richtung Weingut „Dreisiebner Stammhaus", gibt es knapp vorher linker Hand eine kleine Parkbucht. Nun ist es nur mehr ein kurzes Stück zum Weingut Dreisiebner, von wo wir den Rundweg Nr. 9 nehmen – immer den Wegweisern zum Weingut Trunk folgend. Die Abzweigung zur Weinidylle Dreisiebner lassen wir rechts liegen, schwenken dann unmittelbar vor der Buschenschank Trunk in den Weg Richtung Süden ein (Wegweiser Freiheitsvogel/Ptica Svobode). Nun kommen wir nach wenigen Metern zur Staatsgrenze mit Slowenien, die bis 1990 streng bewacht wurde. Thematisiert wird die Frage nach der Freiheit, ihrer Flüchtigkeit und gleichzeitig auch der Angst vor ihr durch die Skulptur „Freiheitsvogel" des Bildhauers Günther Orban (*1947) auf der linken Wegseite und durch einen Vierzeiler des Liedermachers Georg Danzer (1946–2007). Gehen wir noch ein Stück geradeaus weiter, erreichen wir direkt den Bauernhof Dreisiebner

Der Grenztisch, geschaffen fürs gegenseitige Kennenlernen, verbindet Menschen, Kulturen und Staaten.

(Tourist Kmetija). Hier wird Slowenisch und Deutsch gesprochen, und nach einer guten Jause kann man als Nachspeise eine Poganze, eine südsteirisch-slowenische Spezialität aus Germteig mit köstlichem Topfen genießen. Das Wort „Poganze" kommt aus dem Slowenischen und bedeutet „flacher Kuchen". Hinter dem Klapotetz befindet sich der Ausblick auf die „Herzerlstraße" und damit auf ein ganz besonderes Fotomotiv: Nur von diesem Blickwinkel aus zeigt sich diese einzigartige, herzförmige schmale Straße, die sich durch die Weingärten der slowenischen Seite zieht. Wir spazieren

Die Herzerlstraße, beliebtes Fotomotiv am Grenzpanoramaweg.

100 Meter zurück und gehen nach links schwenkend auf der Herzerlstraße (Srce med vinogradi) den Grenz-panoramaweg bergab. Am Weingut Šerbinek vorbei, drehen wir knapp vor dem Weingut Gaube, das eine exzellente Küche hat, nach rechts und gehen den Grenz-panoramaweg (Obmejna panoramska pot) weiter. Dieser führt uns über einen Steg, danach geht es am Gegenhang recht steil bergauf. Bald treffen wir auf einen Schotter-weg und wandern rechts weiter. Nach einem alten Haus kommen wir zur Glanzer Kellerstraße. Bald erreicht man den Ehmannkeller, wo ein Friedensgedenkplatz und ein Fotopoint eingerichtet sind. Von hier sind es nur mehr

ein paar Meter bergauf zum Grenztisch (Miza na meji). Seit 1919 verlief in diesem Bereich die Staatsgrenze, bis in die 1990er-Jahre war eine Begegnung von Menschen diesseits und jenseits der Grenze nur unter großen Einschränkungen möglich. Heute wird die Grenze als ehemaliges trennendes Element durch den „Grenztisch" sichtbar und erlebbar gemacht: Der Tisch, durch dessen Mitte sich der Grenzverlauf zieht, soll dazu ermuntern, sich hier niederzulassen, miteinander zu plaudern und die Sprachbarrieren zu überwinden. Ziel der Einrichtung ist es, mit schönem Blick auf die umliegende Weinberge Menschen, Kulturen und Staaten zu verbinden. Die Idee zu diesem Tisch hatten der Lasselsdorfer Peter Klug und sein Freund, der österreichische Schriftsteller Peter Turrini (geb. 1944). Tischplatte und Sessel bestehen aus hartem Stainzer Plattengneis, der die Härte einer Grenze, die durch die Mitte des Tisches verläuft, symbolisieren soll. Die offene Anordnung des Tisches und der Sitzgelegenheiten heben den verbindenden Charakter hervor. Eine Holzstele mit den Länderflaggen von Österreich und Slowenien ist ein zusätzlicher Orientierungspunkt.

Nun wandern wir noch ein paar Meter bergauf, biegen knapp nach dem Weingut Eibenhof rechts ab und spazieren Richtung Weinidylle Dreisiebner zwischen Weingärten zum Trobiergraben bergab. Wir erreichen einen Waldpfad, der zu einer schmalen Holzbrücke führt, auf der wir den Trobierbach überqueren. Jetzt geht es durch den Wald bergauf und dann weiter entlang von Weingärten bis zur Weinidylle Dreisiebner. Auf diesem steilen Weg nach oben wird ersichtlich, wieviel Mühe und Aufwand für die Weinbauern nötig sind, um einen guten Tropfen in die Flaschen zu bringen. Weinbau ist hier Schwerstarbeit, da sich die Weinstöcke auf Steilhängen befinden, die fast nur manuell bearbeitet werden können. Warme, fast mediterrane Sommer- und Herbsttage und oft darauffolgende kühle Nächte sowie eine Vielfalt an Böden aus Kalk, Sand, Mergel oder Schiefer sind die Basis für die frischen, eleganten steirischen Weißweine dieser Region.

Der schmale asphaltierte Zufahrtsweg zur Weinidylle führt weiter hinauf auf den Bergrücken. Hier nehmen

25

Schwierigkeit	mittel
Länge	etwa 5,5 km, 150 m
Gehzeit	rund 2 Stunden.
Anreise	mit öffentlichen Verkehrsmitteln zum Bahnhof Spielfeld, mit dem Bus 652 nach Gamlitz, mit dem Gamlitzer Service-Taxi zur Parkbucht; mit dem Auto zur Parkbucht Nähe Dreisiebner Stammhaus (N46°40'42" E15°32'45").
Kulinarik	Landgasthof Wratschko, Gamlitz, Tel. +43 (0)3453 2647, www.wratschko.at
Info	Tourismusverband Gamlitz, Tel. +43 (0)3453 3922, www.gamlitz-tourismus.at

wir links wieder den Sulztaler Rundweg (Nr. 9) Richtung Stammhaus Dreisiebner, wo man sich die Köstlichkeiten der Buschenschank auf der österreichischen Seite nicht entgehen lassen sollte. Von hier aus ist es ja nur mehr ein kurzer Weg bis zum Ausgangspunkt der Wanderung. Zum Abschluss sei noch ein kulinarischer Abstecher zum Landgasthof Wratschko in Gamlitz besonders empfohlen. Die Auszeichnung „Gute Steirische Gaststätte", „Kulinarium-Steiermark" und das „AMA-Gastrosiegel" zeugen von der besonderen Qualität des Hauses. Eines von den zahlreichen regionalen Schmankerln der Küche des Gasthofes ist das Steirische Wurzelfleisch.

Remschnigg
Eine Alm, Zwergzebus und neue „alte" Wege

Die Wanderung auf dem Remschnigg, einem Abschnitt des Steirischen Randgebirges, verläuft auf einem Panoramaweg entlang der Staatsgrenze. An der Route liegt Österreichs südlichste Alm.

Vom Parkplatz wandern wir zuerst geradeaus (Wegweiser Remschniggalm) auf einem Schotterweg westwärts. Wir treffen bald auf den insgesamt 660 Kilometer langen Südalpenweg (03, rot-weiß-rote Markierung), der über die Windischen Bühel und stillen Wälder der Soboth bis zu den Karawanken führt. Dieser Routenabschnitt, der später in einen Almweg übergeht, befindet sich auf der österreichischen Seite ganz nahe der Staatsgrenze. Man hat von hier eine schöne Sicht auf Koralpe, Grazer und Leibnitzer Feld sowie das oststeirische Riedelland. Die Remschniggalm ist übrigens Österreichs südlichste Alm und Teil des Gebirgszugs Poßruck. Auf der Remschnigghütte, die man vom Parkplatz aus in etwa einer Dreiviertelstunde erreicht, kann man eine gemütliche Rast einlegen und sich mit einer Jause stärken. Das großartige Panorama erfreut hier offensichtlich nicht nur die zweibeinigen Wanderer, auch Kühe und Kälber scheinen – wenn man ihnen so zuschaut – die schönen Ausblicke

Poglei-Hütte auf der Remschniggalm, Österreichs südlichster Alm.

zu genießen. Den Weg von der Remschniggalmhütte zurück nehmen wir auf der slowenischen Seite und wandern ostwärts. Dieser Wegabschnitt entlang des Kamms bildet die Wasserscheide zwischen Mur und Drau und bietet Aussicht auf die umliegenden Berge. Nach etwa einer halben Stunde erreicht man das ehemalige Gasthaus Pronintsch. Wir gehen an diesem rechts vorbei, spazieren kurz die Straße Richtung Leutschach entlang und nehmen dann rechts den Grenzpanoramaweg in Richtung Wallfahrtskirche zum Heiligen Geist (Sveti Duh) (03 B). Dieser Feldweg bringt uns zum Bauernhof Muster vulgo Oblak, wo man mit großem Engagement Zwergzebus

Sprachkurs auf der Alm – der Hinweis auf die Herrentoilette.

züchtet. Ursprünglich aus Indien stammend, gehören sie zu den kleinsten Rinderrassen der Welt und haben – vor allem die männlichen Tiere – einen auffälligen Buckel. Diese genügsamen, widerstandsfähigen und langlebigen Tiere haben sich als perfekte Landschaftspfleger bewährt und verursachen zudem durch das geringe Gewicht kaum Trittschäden. Am Hof kann man auch Bio-Frischfleisch und Bio-Zebuwürste kaufen. Zebufleisch ist das fett- und cholesterinärmste Rindfleisch und hat einen leichten Wildgeschmack – ein gesundes Schmankerl sozusagen. Wir spazieren nun rechts am Hof vorbei Richtung Süden und erreichen nach wenigen Minuten den Serschenhof der Familie Tertinjek.

Deren Bauernhof liegt direkt an der Staatsgrenze und ist auch durch die Universum History-Folge „Verbunden über alle Grenzen" weithin bekannt geworden. Die Familie erlebte nämlich fast hautnah die quasi ein Jahrhundert lang andauernden dramatischen Veränderungen im Grenzland zwischen der Südsteiermark und der ehemaligen Untersteiermark, der sogenannten Štajerska. 1911 wurde der Hof von Franz Tertinjek zu einer Zeit gekauft, als die Steiermark in ihren historischen Landesgrenzen noch Teil der Habsburgermonarchie war. Damals konnte man nicht ahnen, dass das Gut als Folge des Ersten Weltkrieges einmal durch eine Staatsgrenze geteilt werden sollte. Fünf Generationen der Familie Tertinjek erlebten somit alle dramatischen politischen Veränderungen in dieser Region seit Ende des Ersten Weltkriegs. Heute ist auch bei den Tertinjeks die Staatsgrenze nicht mehr spürbar, doch die Geschichte der Familie mit ihrem grenzüberschreitendem Doppelbesitz bleibt ein Teil der historischen Lebenswirklichkeit im steirisch-slowenischen Grenzgebiet. Die Auswirkungen von großen geopolitischen Entscheidungen auf ganz konkrete Schicksale von Menschen werden hier anschaulich. Bei der Bewirtschaftung des Hofes setzen seine Besitzer heute auf absolute Nachhaltigkeit und gehen dabei ganz neue, nämlich „alte" Wege: Tiere und Pflanzen werden als geschätzte „Mitwelt" am Hof gesehen, mit der man behutsam umgeht. Man entzieht sich der Abhängigkeit von Genossenschaften oder Handel, wirtschaftet weniger gewinn- als vielmehr lebenszentriert und versorgt sich mit der Landwirtschaft selbst – soweit es geht. In einem „Urkräutergarten" gedeihen mehr als 100 verschiedene Pflanzenarten, die zu Spezialitäten verarbeitet werden. Die Tiere wachsen am Hof artgerecht auf, werden dort weitgehend stressfrei geschlachtet, Fleisch und Würste im Hofladen verkauft. Seminare rund um „altes Wissen" sollen dieses bewahren und weitergeben.

26

Schwierigkeit	leicht
Länge	etwa 6 km, 100 hm
Gehzeit	rund 2 Stunden
Anreise	mit öffentlichen Verkehrsmitteln zum Bahnhof Leibnitz, von dort mit dem Regionalbus 605 nach Leutschach, mit dem Taxi zur Parkbucht vor dem ehemaligen Gasthof Pronintsch; mit dem Auto zur dortigen Parkbucht (N46°39'22" E15°25'9")
Kulinarik	Der neue Jägerwirt, Tel.+43 (0)3454 270, www.gasthaus-jaegerwirt.at
Infos	Serschenhof, Tel. +43 (0)664 2277480, +43 (0)664 2341919, www.serschenhof.at Tourismusverband Südsteirische Weinstraße, Tel. +43 (0)3454 7070, www.suedsteirischeweinstrasse.com Zwergzebuhof Muster, Tel. +43 (0)3455 270, www.zebu.at

So kann man am Hof Brotbacken lernen oder Kräuter–
und Fleischverarbeitungskurse besuchen. Um wieder
zum Ausgangspunkt unserer Wanderung zu gelangen,
gehen wir den Weg zum Bauernhof Muster zurück,
wandern noch ein Stück geradeaus leicht bergauf weiter
und biegen bei einer T-Kreuzung links Richtung Arnfels
ab. Vorbei am ehemaligen Gasthof Pronintsch kommen
wir wieder zu unserem Parkplatz zurück.

Leutschach
Durch die Heiligengeistklamm nach Sveti Duh

**Eine wildromantische Klamm mit kleineren Wasser-
fällen, einen ehemaligen Treffpunkt einer geheimnisvollen Sekte und eine Wallfahrtskirche mit schönem
Ausblick hat diese Rundwanderung zu bieten.**

Wir beginnen unsere Rundwanderung am Parkplatz 6
oberhalb der Spitzmühle. Von hier nehmen wir den bestens beschilderten Weg entlang der Klamm nach oben.
Der Aufstieg durch die Klamm erfordert eine gewisse
Trittsicherheit, etliche Male wird der Bach auf meist rut-
schigen Steinen überquert. Abfließendes Wasser hat diese v-förmige Eintiefung in den Schiefer und Gneis über
einen Zeitraum von zwei Millionen Jahren geformt, ein
Vorgang, den Geologen als fluviale Erosion bezeichnen.
Wo das Gestein etwas härter ist, entstanden mehrere
kleinere Wasserfälle. Zu den natürlichen Schönheiten
der Klamm gehören neben ihren bemoosten Steinen
auch botanische Besonderheiten wie der Wald-Geißbart
oder seltene Farne.

Der Heiligengeistbach wurde in der Vergangenheit auch
wirtschaftlich genutzt, es gab bis vor Jahrzehnten mehrere Mühlen. Eine davon, die Spitzmühle, nach dem

Parkplatz 4 gelegen, ist heute eine Schaumühle, die man besichtigen kann. Unterwegs kann man sich auf Schautafeln über Funktionsweise und Technik der Mühlen informieren. Sagen wie die vom armen und schlauen Müller und diverse Sprüche machen den Aufstieg auch zu einem kleinen literarischen Erlebnis. Nach der Klamm kommt man auf eine Almwiese und gleich darauf zum Wirtshaus Zangl oder „Waucher". Will man jetzt noch nicht einkehren, kann man sich die Freude am kulinarischen Genuss auf später aufsparen. Die Küche in diesem gemütlichen und gastfreundlichen Haus ist ein Mix aus Bodenständigkeit, Tradition und Kreativität.

Nach dem „Waucher" erreicht man auf einer schmalen Asphaltstraße den Grenzübergang nach Slowenien. Von hier wandern wir rechts weiter hinauf zum Weiler Sveti Duh. Der vollständige Name des Ortes ist Sveti Duh na Ostrem Vrhu – Heiliger Geist am Osterberg. Der Ortsname hat aber mit Ostern, wie man meinen könnte, nichts zu tun. Der Beiname „Ostrem" kommt vom slowenischen Wort óster, was so viel wie „spitz" oder „scharf" heißt und ein Hinweis auf die exponierte Lage des Kirchbergs ist. Von dem kleinen Ort führen einige Stufen hinauf zum Gotteshaus, von dort hat man bei schönem Wetter einen herrlichen Blick bis zum Alpenrand, weit in den Osten hinein und auf die nächsten Berge Sloweniens.

Einer Legende nach sei immer wieder eine weiße Taube hier auf dem Felsen gesessen, was der Anlass zur

Ein Grenzstein auf dem Weg nach Sveti Duh treibt es bunt.

Gründung der Kirche zum Heiligen Geist gewesen sein soll. Das schlichte Bauwerk selbst stammt aus dem frühen 18. Jahrhundert und steht in ungewöhnlicher Nord-Süd-Ausrichtung auf einem Geländesporn. Ein paar Meter südlich davon befindet sich die kleine Augustinus-Kapelle mit einem Zwiebelturm und einer Wunschglocke: Hier kann man einen Wunsch oder eine Bitte aussprechen und die Glocke dann läuten.

Anfang des 17. Jahrhunderts war der Berg Treffpunkt der Mitglieder einer Sekte, die wegen ihrer Tänze und religiösen Handlungen „Springer" genannt wurden. Diese Gruppe war in der zweiten Hälfte des 16. Jahrhunderts entstanden, sie hatte Anhänger aus dem slowenischen wie auch aus dem deutschen Kulturkreis, die durch die Tänze und rituellen Handlungen ekstatische Bewusstseinszustände hervorzurufen versuchten. Im Zuge der Gegenreformation wurden sie von der Amtskirche verfolgt und ihre Kapellen in Brand gesteckt. Auch der Vorgängerbau der heutigen Kirche erlitt dieses Schicksal. 1667 wurde die Kirche neu erbaut und 1709 dem Heiligen Geist geweiht.

Mit der Gostilna Heric gibt es eine Einkehrmöglichkeit im Ort. Hier werden die Suppentöpfe noch auf den Tisch gestellt und es wird deftige Hausmannskost serviert.

27

Schwierigkeit	mittel, Trittsicherheit erforderlich
Länge	etwa 10 km, 480 hm
Gehzeit	rund 3,5 Stunden
Anreise	mit öffentlichen Verkehrsmitteln Bahnhof Leibnitz, von hier mit dem Bus 605 nach Leutschach, mit dem Taxi zum Parkplatz P6; mit dem Auto zum Parkplatz P6 südlich von Leutschach (Spitzmühle N46°38'16" E15°28'19").
Kulinarik	Wirtshaus Zangl („Waucher"), Tel. +43 (0)3454 70093, www.hotel-zangl.at
Info	Tourismusverband Südsteirische Weinstraße, Tel. +43 (0)3454 7070, www.suedsteirischeweinstrasse.com/rebenland

Den Abstieg zu unserem Ausgangspunkt bei der Spitzmühle nehmen wir vom Parkplatz gegenüber der Gostilna aus. Hier biegen wir links ab und folgen abwechselnd
auf Wald- und Feldwegen sowie Nebenstraßen immer
den Wegweisern zur Spitzmühle. Auf dem Weg nach
unten liegt auch der „Kurioski", wo man Jause und Getränke „selber nehmen, selber berechnen und selber bezahlen" kann. Später kommen wir zum Buschenschank
Postl (Dobay) mit einem schönen Gewölbekeller. Weiter geht es bergab, wo wir nach der OberGuess-Mühle
rechts abzweigen und talwärts vorbei an der Buschenschank Ruad'l den Ausgangspunkt erreichen.

28 *Oberhaag*
Vom Hof Tertinek nach Sv. Pankracij

Auf dieser Strecke vom Hof Tertinek bis Sv. Pankracij wechselt man mehrmals zwischen Österreich nach Slowenien hin und her – ohne eine Staatsgrenze wirklich zu spüren.

Wir nehmen einen Teil des Südalpenweges 560/03 beziehungsweise den Oberhaager Wanderweg Nr. 4, der ein paar Meter oberhalb der Panoramaschenke Tertinek startet und nach St. Pongratzen führt. Unser Ziel ist bereits von hier sichtbar, was die Orientierung erleichtert. So wandern wir leicht bergauf, immer im Nahbereich der österreichisch-slowenischen Staatsgrenze bis zur Landfried-Kapelle und der ehemaligen Zollhütte. Hier erinnert eine Gedenktafel an eine Messe, die hier am 25. April 2004 in deutscher und slowenischer Sprache anlässlich des EU-Beitritts von Slowenien gefeiert wurde. Bei der Zollhütte schwenken wir nach rechts auf eine Schotterstraße und nehmen gleich darauf den Feldweg am Waldrand rechts, der dann in einen Waldpfad übergeht. Mehrmals wechseln wir darauf jeweils für ein paar Meter das Staatsgebiet, bis wir zu einer Wegkreuzung kommen, auf deren Verkehrsinsel ein

Panoramablick ins Saggautal.

Kreuz steht. Hier nehmen wir den markierten Waldpfad halbrechts. Der ist zwar nicht ganz so gehmütlich,
sondern eher steil, bringt uns aber in rund 20 Minuten
auf das kleine Plateau zur Kirche, die sich auf 900 Meter Seehöhe befindet. Der anstrengende Aufstieg lohnt
sich, hat man von der Aussichtsplattform des Kirch-
turms doch einen herrlichen Blick in alle Himmelsrichtungen. Möglicherweise am Platz eines ehemaligen

heidnischen Tempels gebaut, wurde das Gotteshaus erstmals Ende des 15. Jahrhunderts erwähnt und nach einer wechselvollen Geschichte von Zerstörung und Wiederaufbau Anfang des 20. Jahrhunderts in der heutigen Form errichtet. Mehrere Renovierungen wurden in den letzten Jahrzehnten von Menschen diesseits und jenseits der Grenze und der EU finanziert. Diese erfreuliche Veränderung der jahrzehntelang streng bewachten Grenze beschreibt auch die österreichische Fotografin Inge Morath (1923–2002) in dem Buch von Regine Strassegger: „Der Grenzstein vor der Kirche von St. Pongratzen (Sv. Pankrazij) der

Der Grenzstein vor der Kirche in Sv. Pankrazij hat heute Museumscharakter.

früher einmal die Grenze mitten durch die Kirche an-
gezeigt hat, bekommt erfreulicherweise immer mehr
Museumscharakter. Jeden Pfingstmontag feiern die österreichischen Steirer und die slowenischen Steirer gemeinsam ihr Kirchen-Grenzfest […] Da spürt man,
wie sehr die Grenze sich hier zum Guten verändert hat.
Hoffentlich geht's weiter so." Wir setzen die Wanderung Richtung Norden durch den Wald bergab fort,
wo man nach etwa zehn Minuten beim Gästehaus und

der Labestation Wutschnig den nächsten Panorama-punkt erreicht.

Hier biegen wir rechts in den Weg ein und wandern Richtung Pronitsch bzw. Leutschach (Weitwanderweg 503/560). So erreichen wir die uns schon vom Herweg bekannte Kreuzung mit dem Kreuz auf der Verkehrs-insel. Hier schwenken wir nach links und erreichen so wieder die Landfried-Kapelle und die alte Zollhütte. An dieser Stelle biegen wir nach links auf die schmale Asphaltstraße ab, die uns wieder zur Panoramaschen-ke Tertinek (Kmecki turizem Tertinek) zurückbringt. Hier beim alten Zollhaus beginnt auch der Geo-Pfad mit einer Vielzahl von Exponaten aus der Gesteinsviel-falt der Steiermark. Unmittelbar nach der Zollhütte bei einem Stein mit zwei Infotafeln führt der Zöllner-steig links bergab zu einer Schaukanzel, die einen auf-regenden Blick auf die sieben Etagen der 140 Meter

28

Schwierigkeit	mittel
Länge	etwa 6,5 km, 280 hm
Gehzeit	rund 2 Stunden
Anreise	mit öffentlichen Verkehrsmitteln S5 bis ÖBB-Bahnhof Leibnitz, dann mit dem Bus 605 nach Arnfels, von dort mit dem Taxi zur Panoramaschenke Tertinek; mit dem Auto zum Parkplatz Panoramaschenke Tertinek (N46°39'22" E15°19'43")

hohen Bruchwand des Diabas-Steinbruchs von Oberhaag ermöglicht. Man muss diesen Pfad zurückgehen,
um dann wieder links Richtung Panoramaschenke Tertinek weiter zu wandern. Am Weg dorthin begegnet
man größeren und kleineren angeschliffenen Gesteins-
exponaten, wie beispielsweise einem Schöckelkalk, einen Siderit aus Eisenerz oder einen Basalt aus Klöch,
deren Herkunft und wirtschaftliche Bedeutung erklärt
werden. So wird der Rückweg zum Ausgangspunkt der
Wandcrung sehr kurzweilig und interessant, speziell
für Freunde der Geologie.

Wer noch länger in der Region bleiben möchte, kann
noch eine Wanderung durch die Altenbachklamm
(2,3 Kilometer, 400 hm) anschließen. Der Einstieg befindet sich bei der Buschenschank Stelzl, der Weg führt
über eine spektakuläre Hängebrücke und endet bei der
Panoramaschenke Tertinek.

Kulinarik   Gasthof Temmel-Kollar, Oberhaag,
                 Tel. +43 (0)3455 319, www.temmel-kollar.at
Infos   Mineralienausstellung Oberhaag (Volksschule),
                 Tel. +43 (0)664 2429593 (für Führung vorher SMS
                 an diese Nummer senden)
                 Mineralienmuseum Remšnik, Tel. +386 (0)2 621252
                 Tourismusinformation Oberhaag +43 (0)3455 8028,
                 www.oberhaag.at

St. Lorenzen und Sv. Primož

Am Schnittpunkt zweier Kulturkreise

St. Lorenzen und Sv. Primož sind Grenzdörfer, in denen Menschen unterschiedlicher Sprachen durch das jahrhundertelange Zusammenleben viele Gemeinsamkeiten entwickelt haben.

Wir beginnen die grenzüberschreitende Wanderung am Friedhof gegenüber der Kirche in St. Lorenzen, da sich hier das Grab der Familien Praßnik & Zechner befindet. Dort ist Maria Praßnik, die legendäre Messnerbäuerin, begraben, deren Geschichte eng mit den Kriegsfolgen verbunden ist. Nach dem Ersten Weltkrieg musste in Folge des Vertrags von St. Germain 1919, der die Auflösung Österreich-Ungarns besiegelte, durch diese Region eine Staatsgrenze gezogen werden. Im Herbst 1919 kam die Grenzkommission deshalb nach St. Lorenzen, um darüber zu befinden. Der Friedhof, der Messner-Hof und die Leonhard-Kirche sollten an das Königreich der Serben, Kroaten und Slowenen fallen. Die Messnerbäuerin war verzweifelt, fiel vor dem japanischen Offizier auf die Knie und bat, ihren Hof bei Österreich zu belassen. Dieser entschied, beeindruckt von dem Engagement der Frau, trotz der Proteste der serbischen Delegation die Grenze 600 Meter weiter

Blick nach Südosten ins Drautal.

südlich zu verlegen. So blieben der Friedhof, der Messner-Hof und die Leonhard-Kirche bei Österreich.

Nun verlassen wir den Friedhof nach rechts und spazieren dann geradeaus die Straße leicht bergauf Richtung Gasthof Silgener. Nach etwa 100 Metern biegen wir links nach Sv. Primož ab. Zuerst geht es an einigen Wochenendhäusern vorbei, bei einer Linkskurve nehmen wir den Waldweg geradeaus. Inmitten des Waldes kommen wir zur Staatsgrenze und zu einem Kreuz, bei dem wir nach links drehen. Der Weg ist in weiterer Folge immer gut beschildert und mit einer kreisrunden rot-weißen Markierung (meist an den Bäumen) versehen. Beim Bauernhof Odernik erreichen wir den Waldrand und wandern geradeaus auf einer plateauartigen Ebene Richtung Süden

SVETI JERNEJ
PD BRICNIK

MUTA
PD BRICNIK

BRICNIK
MUTA ⟶ 1 h 30 min
1 h 15 min ⟵ SV. JERNEJ
PD BRICNIK MUTA

PROSIMO, NE ODMETAVAJTE ODPADKOV
NA VRHOVIH ALI PLANINSKIH POTEH.
ODNESITE JIH S SEBOJ V DOLINO!
PD BRICNIK, JUNIJ 2002
SEPTEMBER 2014

HEKTAR GOZDA LETNO PRIDELA:

- KISIKA ZA 100 LJUDI
- VSRKA DVA MILIJONA LITROV PADAVIN
- PREČISTI DO 70 TON PRAHU V ZRAKU
- ZRAKU ODVZAME 30 TON CO_2
- OSKRBUJE NAS Z LESOM

weiter. Bald kommen wir zu einem Marterl, von dort bietet sich eine prachtvolle Aussicht nach Osten und Westen. Auf dem weiteren Weg erreichen wir im Wald das Odernik-Kreuz. Es wurde 1904 von den drei Pfarren Jernej (Bartholomäus), St. Lorenzen und Mahrenberg gestiftet. Die nähere Geschichte dieses Kreuzes kann man sich am Rückweg beim Bauernhof Odernik, wo es auch eine Schenke gibt, erzählen lassen. Links vom Kreuz geht ein Weg zur Kirche Sv. Trije Kralji (40 Minuten), halbrechts wandern wir weiter zur Kirche Sv. Primož (40 Minuten). Bei einer weiteren Kreuzung geht es geradeaus weiter und etwas steiler bergauf, bis man den Rastplatz Bricnik auf 1 017 Meter Höhe erreicht, wo man sich in ein „Gipfelbuch" eintragen kann. Von hier aus geht es wieder bergab und wir schwenken bei der nächsten Kreuzung nach rechts. Über einen Waldweg, geht es steil bergab nach Sv. Primož. Dieser kleine Weiler mit ein paar Häusern, einem Sägewerk und einer Kirche bietet einen wunderschönen Blick ins Drautal, nach Muta und auf die gegenüberliegenden slowenischen Berge. Die kleine schindelgedeckte Kirche mit den beiden Türmen ist den Heiligen Primon und Felizianus geweiht. An Feiertagen wird hier die Tradition des „Klöppelns" gepflegt: Es wird mit hölzernen Schlägeln auf die Glocke geschlagen, dabei entstehen Melodien, die an alte Volkslieder erinnern. Nun kann man auf demselben Weg wieder zurück zum Ausgangspunkt gehen, sportliche Wanderer können auch den viel weiteren Weg über Sv. Trije Kralji (Beschilderung neben der Kirche beachten) nach St. Lorenzen nehmen.

Wieder in St. Lorenzen zurück, nehmen wir ein paar Meter die Straße Richtung Eibiswald und biegen dann rechts zur Leonhardkirche ab. Es ist auffallend, dass dieser Weiler zwei Kirchen hat. Die Leonhardkirche, für deren Besichtigung man sich den Schlüssel bei den Familien Zechner oder Waltl holen kann, ist die Kirche der Mahrenberger (Radlje). Der sehenswerte Sakralbau weist romanische und gotische Elemente auf und besitzt eine hölzerne, bemalte Kassettendecke mit Blumen- und Pflanzenornamenten sowie ein großes Christophorus-Fresko. Auf der Kirchentür im Süden hängt ein Hufeisen, das mit einer spannenden Sage verbunden ist. Diese sollte man sich von den Menschen vor Ort

29

Schwierigkeit	mittel
Länge	etwa 10 km, 280 hm
Gehzeit	rund 3,5 Stunden
Anreise	mit öffentlichen Verkehrsmitteln Bahnhof Wies-Eibiswald, dann mit Regionalbus 782 nach Eibiswald, von dort mit Taxi nach St. Lorenzen ob Eibiswald; mit dem Auto zum Parkplatz im Ortszentrum St. Lorenzen ob Eibiswald (N46°39′42″ E15°10′00″)
Kulinarik	Gasthaus Silgener, St. Lorenzen, Tel. +43 (0)3466 8105 (Voranmeldung empfohlen)

erzählen lassen … Nun spazieren wir zum Ausgangspunkt am Parkplatz zurück. Die kleine Laurentiuskirche gegenüber dem Friedhof stammt aus dem 17. Jahrhundert. Zum Abschluss der Wanderung gibt es die Möglichkeit, sich im nahegelegen Almgasthaus Silgener stärken. Hier kann man auf „Kraftbankerln" aus Zirbenholz Platz nehmen und die prächtige Aussicht vom Schöckel bis ins Vulkanland genießen.

Tipp: Im nahen Radlje ob Dravi widmet sich ein Museum dem Thema Forstwirtschaft am Beispiel der Familie Pahernik. Auch eine Dauerausstellung mit Kinderspielen aus der Region Pohorje ist sehenswert. Eine Besonderheit im benachbarten Muta ist die dem hl. Johannes dem Täufer geweihte romanische Rotunde, eine der ältesten Kirchen Sloweniens.

Infos	Museum Radlje ob Dravi, Tel. +386 (0)26212549, www.kpm.si/en/plan-your-visit/radlje-ob-dravi-museum, Parkplatz (N46°36′59.0″ E15°12′39″) Rotunde St. Johannes der Täufer, Parkplatz davor: (N46°36′40″ E15°10′09″). Tourismusverband Schilcherland, Tel. +43 (0)3466 43256, +43 (0)664 7619121, www.schilcherland.at

Ribnica na Pohorju
Von der Koča na Pesniku auf den Črni Vrh

Eine Wanderung für alle, die dem Trubel entkommen und stattdessen die Ruhe des Waldes erleben wollen.

Die auf 1 101 Meter Höhe an den Nordhängen des Bachergebirges (Pohorje) auf einem grasbewachsenen Plateau gelegene Koča na Pesniku ist eine idyllische Almhütte. Von hier aus hat man einen Blick auf das Drautal, das Ribniško-Lehenski-Tal, auf Sau- und Koralpe beziehungsweise den Poßruck mit seinen Kirchen, wie mit seinen Kirchen, wie beispielsweise Sv. Simon in Pernice, Sv. Primož oberhalb von Muta, Sv. Pankracija oder Sv. Duh.

Oberhalb der Hütte nehmen wir bei einer Weggabelung den Waldpfad in der Mitte. Die kreisrunde rot-weiße Markierung Richtung Ribniška Koča ist in kurzen Abständen an Bäumen angebracht, sodass man nie Gefahr läuft, den Weg bergauf zu verfehlen. Man wandert zwischen Tannen, Buchen, Eichen, Kastanienbäumen und Fichten bergwärts. Wenn man etwas Glück hat, begegnet man einem Auerhahn oder einem Birkhuhn. Selten bei einer Wanderung hört man so viele Vogelstimmen

Auf 1 507 Meter Seehöhe liegt „die Königin der Pohorje-Berghütten".

oder sieht zahlreiche Schmetterlinge, diverse Fliegenarten und begegnet man einer solchen Vielzahl von Ameisenhaufen. Der Lebensbereich eines Ameisenstaates ist doppelt so groß wie der Haufen selbst, reicht er doch so tief in den Boden wie seine Höhe beträgt. Wenn man bedenkt, dass in einem solchen Ameisenstaat schätzungsweise zwischen 100 000 und einer Million Tiere leben, so bewegt man sich auf dem Weg durch das Bachergebirge in einer stillen, aber trotzdem äußerst belebten Landschaft. Nach ungefähr 75 Minuten Gehzeit erreichen wir auf einem kleinen Plateau die Ribniska Koča auf 1 507 Meter Höhe, wegen ihrer robusten Bauweise und Größe eher ein alpines Schutzhaus als eine Berghütte.

Deswegen und wegen der schönen Aussicht Richtung Norden wird sie von manchen auch als „Königin der Pohorje-Berghütten" bezeichnet. Die Ribniška Koča ist bekannt für ausgezeichnete Eintöpfe und delikate Heidelbeerpalatschinken. Etwas oberhalb der Hütte gibt es auf einer Schautafel wissenswerte Informationen zu Fauna, Flora und Geologie des Bachergebirges. So erfährt man, dass der Gebirgsstock noch zu den Zentralalpen gehört, geologisch der Sau- und Koralpe sehr ähnlich ist und im Wesentlichen aus bis zu 400 Millionen Jahren alten metamorphen und magmatischen Gesteinen wie

Granodiorit oder Dazit besteht. Von hier aus geht es in wenigen Höhenmetern und in gut einer halben Stunde Gehzeit weiter zur höchsten Erhebung des Bachergebirges, dem Črni vrh (Schwarzkogel, 1 543 m). Man folgt einfach der kreisrunden, rot-weißen Markierung (meist mit der Nr. 1 dabei). Der Črni vrh ist weniger ein Gipfel als vielmehr ein Hochplateau mit schöner Aussicht auf die Velika Kopa (1 541 m), den Geopark Karawanken, die Saualpe und in das Mislinja-Tal. Auf dem Plateau, einem abflusslosen, leicht moorigen Gebiet, befinden sich neben dem außergewöhnlichen Gipfelkreuz auch

Plateau auf dem Weg zum Gipfelkreuz des Schwarzkogels (Črni vrh) auf 1 543 Meter Seehöhe.

Bankerl für Wanderer und eine „Škorjanka": eine einfache, ursprünglich von Köhlern benutzte, rindengedeckte Holzhütte, die an das einstige Köhlergewerbe auf dem Bacher erinnert. Heute kann sie bei Schlechtwetter als Unterstand benutzt werden.

Nun kehren wir auf demselben Pfad wie beim Herweg zur Ribniška Koča zurück. Dort angekommen, empfiehlt sich ein Abstecher, am Aussichtspunkt Jezerski vrh vorbei, zum etwa 20 Gehminuten entfernten, östlich gelegenen Ribniško jezero. Bei diesem See, von Kiefern umrahmt inmitten eines Fichtenwaldes gelegen, handelt es sich eigentlich um ein kleines, nur von Regenwasser gespeistes Torfmoor, das sich vor etwa 8 000 Jahren gebildet hat. Der Grund des maximal einen Meter tiefen Gewässers, in dem sich die Umgebung spiegelt, ist mit Moos bewachsen. Darunter befindet sich eine etwa zwei

30

Schwierigkeit	mittel
Länge	etwa 9,5 km, 480 hm
Gehzeit	rund 4 Stunden
Anreise	Mit Bahn oder Bus von Maribor nach Radlje ob Dravi, von dort mit Taxi zur Koča na Pesniku; mit dem Auto zum Parkplatz Koča na Pesniku (N46°31′04″ E15°15′03″)

Meter dicke Humus-Torf-Schicht, die auf einer gelb-lich-braunen Sandschicht lagert. Erst dann stößt man auf festes Gestein. Ende des 20. Jahrhunderts wurde hier eine endemische Steinfliegenart (Leuctra istenicae) ent-deckt.

Den Rückweg zur Koča na Pesniku kann man über den Schotterweg nehmen, der etwa auf halbem Weg zwi-schen dem See und der Ribniška Koča rechts abzweigt. Oder man wandert zurück bis zur Ribniška Koča und nimmt den schon bekannten Waldpfad zur Koča na Pes-niku, dem Ausgangspunkt der Wanderung. Sucht man im Drautal eine besondere Gostilna, sollte man ein paar Kilometer nach Muta zur Gostilna Pri lipi fahren. Hier gibt es Koroška-Spezialitäten nach Rezepten, die schon unsere Großmütter verwendet haben.

Kulinarik	Koroška Hiša „Pri lipi", Muta, Tel. +386 (0)41 722091, www.prilipi.si (N46°36'40" E15°10'09")
Info	Tourismusinformation Radlje ob Dravi, Tel. +386 (0)30 304624

Maribor (Marburg)
Wirtschaftliches Zentrum und Kulturstadt

Die zweitgrößte Stadt Sloweniens hat eine überschaubare Größe und liegt malerisch eingebettet zwischen den Weinbergen der Windischen Bühel (Slovenske Gorice) und dem Bachergebirge (Pohorje).

Eine gute Möglichkeit, einen ersten Blick auf die Drau und die Altstadt mit ihren roten Ziegeldächern zu werfen, ist die Hauptbrücke (Glavni most). Der Name „Lent" für diesen Stadtteil kommt vom „Anlanden" der Flößer, für die hier einst eine wichtige Anlegestelle war. So beginnen wir auf diesem Übergang über die Drau mit Blick nach Norden unseren Stadtspaziergang – und damit zugleich wohl an einem der besten Fotopoints von Maribor. Am Nordufer des Flusses entlang zog sich die ehemalige Stadtmauer aus dem 14. Jahrhundert, von der noch einige Wehrtürme erhalten sind. Wir überqueren die Brücke stadteinwärts und gehen rechts die Stufen hinunter zur Drau. Hier spazieren wir ein Stück stromabwärts, bis wir knapp vor dem Wasserturm (Vodni stolp) die Treppe linker Hand nehmen, die zu einer der ältesten Synagogen der Welt (Židovska ulica 4, Judengasse) führt. Sie wurde 1429 erstmals erwähnt, jedoch gibt es

Das Denkmal des Nationalen Befreiungskrieges
wird auch Kodžak (= Glatzkopf) genannt.

hier schon lange keine jüdische Gemeinde mehr. Heute
ist sie ein Kulturzentrum, in dem das gotische Gewöl-
be des früheren Sakralbaus für eine besondere Akustik
sorgt. Einfach ausprobieren!

Zurück an der Drau, steuern wir ein paar Meter stromabwärts den ehemaligen Wasserturm an, in dessen Vinothek man in idyllischer Umgebung slowenische Weine
verkosten kann. Danach wandern wir wieder strom-
aufwärts, unterqueren die Glavni most, passieren eine
Vielzahl von netten Lokalen und kommen zur angeb-
lich ältesten Weinrebe der Welt (Vojašniška 8). Die

Fassadengestaltung in der Slovenska ulica in Maribor.

etwa 400 Jahre alte Stara Trta (= alte Rebe) ist im Guin-
ness-Buch der Rekorde verzeichnet, schaut aber über-
haupt nicht spektakulär aus. Man sieht ihr nicht an,
dass sie bereits mehrere Belagerungen und Brände über-
standen hat. Von hier nehmen wir die Splavarski pre-
hod leicht bergauf und erreichen nach wenigen Metern
die Koroška cesta, in die wir rechts einbiegen und nach
einigen Schritten weiter links in die Poštna ulica. Diese bringt uns zum Slomškov trg und damit zum Denkmal von Anton Martin Slomšek (1800–1862) auf dem
Platz. Slomšek war der erste Bischof der neu geformten

Diözese Lavant-Marburg, ein Schriftsteller und Förderer der slowenischen Identität. 1999 vom Papst seliggesprochen, genießt er in seiner Heimat Heiligenstatus.

Der Dom, St. Johannes dem Täufer geweiht, wurde 1248 in der Zeit der Romanik errichtet, später erfolgte ein gotischer Umbau. Seine Stilvielfalt komplettieren barocke Kapellen, moderne Glasfenster und ein klassizistischer Glockenturm. Er bietet mit seinen 57 Metern Höhe einen schönen Rundumblick auf die Stadt. Ist man wieder „zur ebenen Erd", blickt man vor dem Hauptportal stehend vis-à-vis auf die Universität und rechts auf das überregional bekannte Nationaltheater. Wir nehmen nun - vorbei am Nationaltheater - die Gledališka ulica Richtung Norden, biegen dann rechts in die Slovenska ulica ein und gehen geradeaus bis zur Stadtburg (Mariborski grad) am Grajski trg weiter. Sie wurde im 15. Jahrhundert von Kaiser Friedrich III. erbaut, besitzt einen sehenswerten Rittersaal mit schöner Deckenmalerei sowie ein barockes Treppenhaus und beherbergt heute das Regionalmuseum mit Ausstellungen zur Kulturgeschichte der Region.

Zur Erholung an heißen Sommertagen empfiehlt sich der nahe Stadtpark, der im Stil eines englischen Landschaftsgartens angelegt ist. Von der Burg aus gelangt man über die Grajska ulica in nördlicher Richtung dorthin, geht dann weiter entlang der Westseite des Trg generala Maistra und geradeaus die Ulica heroja Tomšiča bis zum

Stadtpark (Mestni park). Noch weiter halbrechts erreicht man einen schönen Pavillon. In dessen Umgebung laden idyllische Teiche, mehr als 130 Baumarten und am Ende des Parks die Gostilna Pri treh ribnikih zum Verweilen ein. Dieses traditionsreiche Gasthaus verfügt über einen sagenhaften Weinkeller und eine gute Küche.

Vom Stadtpark aus ist auch der Hausberg Maribors, die Piramida, gut zu erreichen. Dafür spazieren wir vom Pavillon geradeaus weiter, treffen auf die Ribniška ulica und folgen nach dem Haus Nr. 12 dem Wegweiser

Blick auf die rote Dachlandschaft der Altstadthäuser von Marburg.

zur Piramida. Auf einem Schotterweg geht es bis zu einer Kapelle, von der aus einem die ganze Stadt zu Füßen liegt. Einst errichtete man anstelle des zerstörten Marburger Schlosses hier eine Steinpyramide, die 1821 durch einen Blitz zerstört wurde. An ihrem Platz steht jetzt eine Kapelle mit einer „Wunschglocke" zum Selberläuten. Nun nehmen wir den gleichen Weg wieder zurück zum Stadtpark, wo man vom Pavillon über die Ulica heroja Staneta und den Trg generala Maistra auf den Trg svobode kommt. Hier befindet sich einer der größten unterirdischen Weinkeller (Vinagova klet) Europas mit einem über zwei Kilometer langen Tunnelsystem, in dem rund 250 000 Flaschen lagern. Bleibt man „oberirdisch", ist am Südende des Platzes das ungewöhnliche Denkmal des Nationalen Befreiungskrieges, auch Kodžak (= Glatzkopf) genannt, nicht zu übersehen. Es erinnert an die etwa 700 Menschen, die im Kampf gegen die deutsche Besatzung der Stadt umgekommen sind. Unweit davon steht die „Basilika der Mutter der Barmherzigkeit", die Franziskanerkirche, ein markanter roter Ziegelbau mit zwei Türmen im neuromanischen Stil. Die Kirche wurde Ende des 19. Jahrhunderts von dem Wiener Architekten Richard Jordan (1847–1922) erbaut, der auch den Innenraum gestaltet hat. Beachtenswert sind der Hochaltar mit dem Gnadenbild aus 17 Marmorarten und die Kanzel mit den vier lateinischen Kirchenvätern.

31

Schwierigkeit	leicht
Länge	rund 7 km, Steigung (außer zur Piramida) unerheblich
Gehzeit	etwa 3 Stunden
Anreise	mit öffentlichen Verkehrsmitteln Bahnhof Maribor/Marburg, mit dem Auto beispielsweise zum Parkhaus Parkirna hiša Pristan (N46°33'25" E15°38'20")

Von hier gehen wir weiter über das Südende des Trg svobode zum Grajski trg mit der Floriansäule, biegen links ab und durchstreifen die Vetrinjska ulica. Im Haus Nr. 30 (Vetrinkski Dvor) befand sich das erste Theater von Maribor. Nun nehmen wir rechts die Jurčičeva ulica, die uns in die Gosposka ulica bringt, wo wir wieder nach links abbiegen. Geradeaus weiter kommen wir schließlich zum Glavni trg (Hauptplatz) mit einer Pestsäule aus dem 17. Jahrhundert. Die Pest raffte damals ein Drittel der Bevölkerung Maribors hinweg. Der Glavni trg ist der zentrale Platz der Stadt mit einer Reihe von historischen Gebäuden und detailreichen Fassaden. Nun ist es nur mehr ein Katzensprung zur Glavni most. Hier kann man in den Cafés und Gasthäusern am Drauufer in südlicher Atmosphäre den Stadtspaziergang ausklingen lassen.

Kulinarik Gostilna Pri treh ribnikih, Ribniška ulica 9, Tel. +386 (0)2 2344170, www.trijeribniki.si
Info Museum Maribor, Tel. +386 (0)2 2283 551, www.museum-mb.si
Tourismusinformation, Tel. +386 (0)2 2346613 www.visitmaribor.si

Zreče
Unterwegs in den Wäldern des Bachergebirges

Diese Wanderung ist Sommerfrische pur. Man bewegt sich auf einer schönen Hochfläche, im Wald und im Bereich eines Moores.

Wir beginnen unsere Wanderung bei der auf 1 385 Meter Höhe gelegenen Berghütte Koča na Pesku nahe bei Zreče. Sie liegt in einem plateauartigen Bereich des Bachergebirges (Pohorje), der im Winter ein Skigebiet ist. Wir nehmen die Schotterstraße nach Westen zur Skiliftstation Mašinžaga beziehungsweise in Richtung Lovrenc na Pohorju. Gegenüber der Talstation des Liftes, wo wir uns an der kreisrunden, rot-weißen Markierung (meist mit der Nr. 1 dabei) oder am Wegweiser „Lovrenška jezera" orientieren, überqueren wir einen Steg und folgen einem Waldpfad leicht bergauf. Die Route führt als wurzeldurchsetzter Pfad oder als Waldweg im meist grasbedeckten Fichtenwald bis zu einer T-Kreuzung. Links ginge es Richtung Rogla-Plateau (35 Minuten), wir nehmen aber den schattenspendeten Waldweg rechter Hand. Öfters sind dabei kleine Gerinne zu überqueren, die sich für ein kleines Fußbad anbieten. Diese sind

Zwergkiefern, wohin das Auge reicht – die Moorlandschaft bei Zreče.

einerseits durch die relativ hohen Jahresniederschläge bedingt, andererseits lässt der häufig wasserundurchlässige Boden mehrere Quellen und Bäche entstehen. Im zentralen Teil des Bachergebirges besteht der Untergrund, der auf den Wanderwegen auch immer wieder sichtbar wird, aus hartem, magmatischem Tonalit- und Dazitgestein. Der eher nährstoffarme und saure Dazitboden sowie die lichten Wälder des Bachergebirges bilden zugleich einen idealen Standort für die Heidelbeerpflanze. Ist man zu deren Reifezeit im September hier unterwegs, kann man sich quasi durch den Wald essen. Nach etwa eineinhalb Stunden ab der Koča na Pesku erreichen wir an einer weiteren Kreuzung den Randbereich der Lovrenška jezera. Hier geht es links zum Rogla-Plateau und zur Ribniška koča, rechts führt der Weg direkt zum Aussichtsturm des Hochmoores auf 1 522 Meter Seehöhe. Dieses Naturjuwel mit bis zu drei Meter mächtigen Torfschichten liegt im Quellgebiet mehrerer Bäche und besteht aus zehn bis zwanzig kleineren Seen – abhängig von der aktuellen Niederschlagsmenge. Vom hölzernen

Auf Holzstegen unterwegs von See zu See.

Aussichtsturm aus hat man eine schöne Sicht auf die vom Regenwasser gespeiste Moor- und Seenlandschaft und bekommt außerdem einen Überblick über den Verlauf der Holzstege, die Interessierte von See zu See leiten. Zusätzlich gibt es im Aufgangsbereich des Turmes eine umfassende Information über das Moor und dessen Pflanzen- und Tierwelt – leider nur in slowenischer Sprache. Im Lebensraum Moor tummeln sich unter anderem Moor- und Birkhuhn, der nachtaktive Raufußkauz und der farbenprächtige Bergmolch mit seinem orangeroten Bauch. Zu den Pflanzen dieses Europaschutzgebiets zählen beispielsweise der Rundblättrige Sonnentau, die Moosbeere oder die Rosmarinheide. Letztere ist wegen des Wirkstoffs Acetylandromedol giftig, vor allem für Schafe und Ziegen. Bei Menschen können leichte Vergiftungserscheinungen durch den von der Pflanze abgesonderten Honig auftreten. Unübersehbare Leitpflanze ist jedoch die Zwergkiefer.

Dieser Bereich des Moors lädt zu einer Entdeckungstour ein, eine Stunde sollte man hier mindestens einplanen. Die schwarze Farbe der kleinen Seen, in denen sich die Umgebung spiegelt, ist etwas ganz Besonderes und gibt dieser Landschaft eine mystische Note. Die Schwarzfärbung entsteht durch den Torf, einer Schicht aus abgestorbenen Pflanzenteilen, die nur teilweise verrotten, weil sie luftdicht durch das Wasser abgeschlossen werden. Als Weg zurück zum Ausgangspunkt der

Wanderung nehmen wir nicht den Hinweg, sondern gehen bei der Kreuzung nach dem Aussichtsturm leicht rechts Richtung Rogla und Ribniška koča. Nach etwa zehn Minuten Gehzeit kommen wir zu einer weiteren T-Kreuzung und wandern hier links Richtung Rogla. Der Pfad führt zuerst durch einen dichten Fichtenwald, bis dieser sich bei der Volovska planja öffnet. Diese freie Hochfläche ermöglicht einen schönen Blick nach Süden und nach Südwesten bis zu den Steiner Alpen (Kamniške Alpe), die zu den Südlichen Kalkalpen gehören. Wir haben nun eine kurze, wunderschöne Almwanderung vor uns, bis der Weg zum 1 446 Meter

32

Schwierigkeit	mittel
Länge	etwa 9 km, 210 hm
Gehzeit	rund 3 Stunden
Anreise	mit öffentlichen Verkehrsmitteln zum Bahnhof Poljčane oder Celje, dann mit Bus nach Zreče, von dort mit dem Taxi zur Koča na Pesku; mit dem Auto zum Parkplatz Koča na Pesku (N46°28′00″ E15°20′40″).
Kulinarik	Koča na Pesku, Tel. +386 (0)3 7577167, www.rogla.eu/si/namestitev/dom-na-pesku
Info	Tourismusinformation Rogla–Zreče, Tel. +386 (0)3 7590470, www.rogla-pohorje.si

hohen Sedlo komisija bergab führt. Hier stehen wir abermals vor einer T-Kreuzung und nehmen links den Weg Richtung Lovrenška jezera. Nach weiteren zehn Minuten erreichen wir die nächste Kreuzung, an der wir nach rechts drehen. Ab hier erreichen wir auf dem uns schon bekannten und bestens markierten Wanderweg den Ausgangspunkt bei der Koča na Pesku. Hier kann man sich mit deftigen Hüttenspeisen wie dem Pohorje Pot (Tradicionalni pohorski lonec) oder einer Art Gulasch (Srnin golaž s kruhovim cmokom) für die Wanderung belohnen.

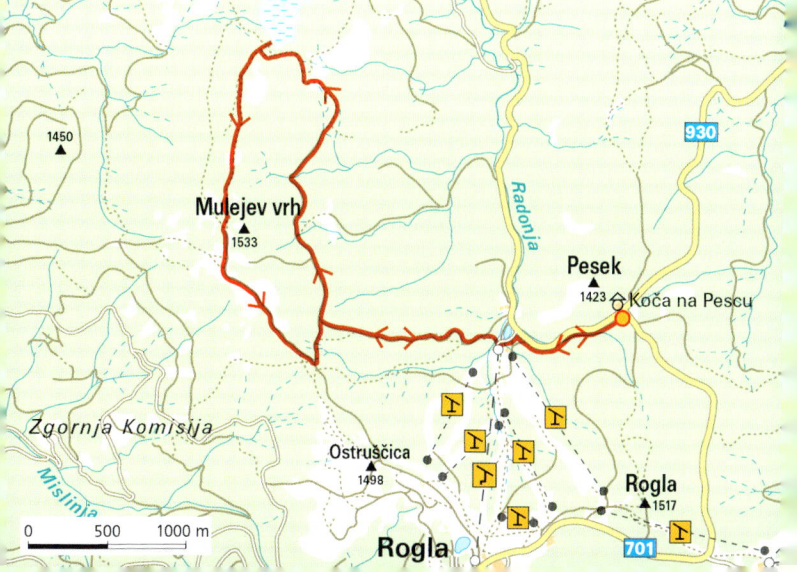

33 Slovenj Gradec
(Windischgraz, Windischgrätz)
Die kleine Schwester von Graz

Ihre Namensähnlichkeit weist die bis 1918 von einer deutschsprachigen Mehrheit bewohnte Stadt Slovenj Gradec als die „kleine Verwandte" von Graz aus. Noch heute sind alle Aufschriften an Kulturdenkmälern auch in deutscher Sprache zu lesen.

Unseren Spaziergang in Slovenj Gradec beginnen wir beim alten Rathaus (Glavni trg 24). Wir nehmen die Šolska ulica zwischen Museum und BKS-Bank, überqueren auf einem Steg die Suhodolnica und biegen danach gleich links in den Kuharjev Park ein. Am Ende des Parks überqueren wir eine schmale Straße, gehen geradeaus weiter und halten uns beim Haus Nr. 5 halbrechts. Wir spazieren nun auf einem Gehweg zwischen Feldern auf Stari trg (Altenmarkt) zu, den Kirchturm von Sv. Radegunda im Auge behaltend. Bald erreichen wir eine Straße, wenden uns hier kurz nach links und biegen nach dem Haus Nr. 56 rechts zur Kirche ab. Wir nehmen die Stufen zum Gotteshaus hinauf, passieren den Torbogen und wandern dann links entlang der Mauer bis zur ersten Kreuzwegstation. Danach schwenken wir nach rechts zur zweiten Station, gehen von dort

Die Elisabethkirche in der Altstadt von Slovenj Gradec.

den Pfad geradeaus bergauf bis zu einer Wegkreuzung, wo wir rechts den Feldweg bis zur Kapelle Sv. Isidor nehmen. Hier halten wir uns kurz links und folgen dann dem Wegweiser zur Kirche Sv. Pankracija.

Der Burgberg mit der Kirche ist seit der Bronzezeit besiedelt, in der Römerzeit verlief durch die Siedlung Colatio unterhalb des Hügels die Straße von Celeia

(Cilli) nach Virunum, also ins heutige Kärnten. Im 11. Jahrhundert erbaute man hier eine Burg mit Wehrmauern, die heutige Kirche Sv. Pankracija stammt aus dem 13. Jahrhundert. In der spätgotischen Phase kam noch eine Sakristei dazu und im 18. Jahrhundert wurde die „Heilige Treppe" mit illusionistischen Fresken angebaut (Schlüssel beim gegenüberliegenden Bauernhof erhältlich).

Für den Rückweg in die Stadt spazieren wir zurück zur Kapelle Sv. Isidor, nehmen dort jedoch den Kreuzweg links bergab. Bei der Station VIII hat man einen schönen Blick auf die Stadt und das Becken von Slovenj Gradec. Nach der Kirche Sv. Radegunda schlagen wir den uns schon bekannten Weg zur Altstadt ein. Nachdem wir den Steg über die Suhodolnica wieder überquert haben, spazieren wir jedoch rechts durch das Tor in den Innenhof des Schlosses Rotenturm, heute Sitz der Stadtverwaltung. Es verfügt über ein schönes Barockportal, einen malerischen Innenhof mit Laubengängen und eine elegante Brunnenanlage. Von hier führt direkt eine Passage zum Hauptplatz, wo wir unseren Rundgang durch die Altstadt beim ehemaligen Rathaus (Glavni trg 24, Hauptplatz) beginnen. Davor steht auf einem Sockel „Das venezianische Pferd" (1992) von Oskar Kogoy (*1942), eines von weltweit fünf Pferden gleichen Aussehens und gleicher Größe. Ein weiteres, etwas rätselhaftes Objekt vor den Fenstern der

Tourismusinformation ist von Mirsad Begić (*1953) und wartet auf unsere Deutung. Die sich daneben befindende Büste des Malers Jože Tisnikar (1928–1998) stammt vom gleichen Künstler. Das ehemalige Rathaus ist heute ein kulturelles Zentrum, das sowohl von der Größe der Ausstellungen als auch von deren Qualität her für eine Kleinstadt außergewöhnlich ist. Es beherbergt ein Museum sowie die Galerie der bildenden Künste, die wechselnde Ausstellungen zur zeitgenössischen Kunst zeigt. Eine temporäre Präsentation der letzten Jahre galt der österreichischen Fotografin Inge Morath (1923–2002), deren Großvater Bürgermeister von Slovenj Gradec war. Nach dem Ersten Weltkrieg musste die Familie die Stadt verlassen und zog nach Graz. Morath, die später in New York lebte und mit dem amerikanischen Schriftsteller Arthur Miller verheiratet war, schuf als Fotografin zeitlose Porträts von Menschen. Ihr letztes Projekt war eine Fotoserie mit Eindrücken aus dem steirisch-slowenischen Grenzland, das ihre heimliche Sehnsucht war. Dieses grenzüberschreitende Projekt der Aussöhnung stand im Zusammenhang mit der europäischen Integration und ist deshalb von besonderer Bedeutung. Die Ausstellung dazu war sowohl in Slovenj Gradec als auch in Graz zu besichtigen.

Wir setzen den Stadtspaziergang am Glavni trg gegen den Uhrzeigersinn fort. Vor dem Druškovič-Haus (Nr. 30) mit seiner neobarocken Fassade steht unübersehbar der

Der Junge mit den Händen, Skulptur eines slowenischen Künstlers.

„Junge mit den Händen", ein Werk des slowenischen Künstlers Mirko Bratuša (*1963). Im Geschäft des Lebkuchen- und Kerzenmachers Perger (Nr. 34) gibt es seit 1757 Honigleckereien und hausgemachte Bonbons. Zudem kann man eine Führung durch das Honigparadies Perger buchen. Das Nachbarhaus (Nr. 40) im Neorenaissancestil ist das Geburtshaus des Komponisten Hugo Wolf (1860–1903), in dem eine Ausstellung dessen Leben und Werk dokumentiert. Er war Schöpfer unzähliger Lieder, Chorwerke und von Kammermusik. Wir wechseln die Straßenseite und stehen vor dem Hotel Slovenj Gradec (Nr. 43). Eine Tafel erinnert an Ernst

Goll (1878–1912), einen Sohn des Hauses und Lyriker, der für die Grazer Tagespost schrieb. Eine weitere Tafel verweist auf Josef Potočnik (1892–1929), Arzt und Offizier der österreichisch–ungarischen Marine. Seinem Sohn Hermann Potočnik, Pionier und Visionär der modernen Raumfahrt, widmete die österreichische Post 1992 eine Sonderbriefmarke. Wir flanieren nun am Hauptplatz Richtung Norden und biegen nach rechts in den Trg svobode (Freiheitsplatz) ein. An dessen Ende

Malerische Laubengänge im Innenhof von Schloss Rotenturm.

befinden sich die Pfarrkirche zur hl. Elisabeth sowie die Heiligeistkirche. Die ursprünglich romanische Pfarrkirche wurde in der Zeit der Gotik umgebaut und hat eine üppige barocke Innenausstattung. Die schiefergedeckte Heiliggeistkirche, ursprünglich eine Krankenhauskapelle, ist im gotischen Stil erbaut. Bemerkenswert sind dort die Fresken an der Nordwand, die Szenen aus der Passion zeigen. Zwischen den beiden Kirchen und dem Stadtpfarrhaus (Nr. 5) befinden sich zwei Büsten von Priestern: Franc Ksaver Meško (1874–1964) war auch Schriftsteller, und Jakoba Sokliča (1893–1972) Kunsthistoriker und Sammler. Von hier spazieren wir wieder zurück zum Glavni trg und biegen nach rechts ab. Nun geht es an einem schönen Bürgerhaus mit Jugendstilfassade (Nr. 19) vorbei zu einem kleinen Park

Schwierigkeit	leicht
Länge	5 km, 20 hm (Sv. Pankracija)
Gehzeit	rund 2 Stunden
Anreise	mit öffentlichen Verkehrsmitteln Bahnhof Slovenj Gradec, mit dem Auto zum Parkplatz links vor dem Kassenhäuschen der Innenstadt (N46°30′36″ E15°04′54″).

mit einer Statue von Mahatma Gandhi (1869–1948). Sie war ein Geschenk der indischen Botschaft und wurde anlässlich der Verleihung des UNO-Prädikats „Friedensbotschafterstadt" an Slovenj Gradec 1989 hier aufgestellt. Nun wechseln wir wieder die Straßenseite und spazieren Richtung Süden zum Museum und der Galerie, dem Ausgangspunkt des Stadtspazierganges. Will man im Anschluss ein Gasthaus mit jahrhundertealter Tradition besuchen und sehr gute einheimische Küche genießen, ist man bei „Murko" richtig. Der innovative Junior betreibt zudem eine kleine Gin-Brennerei. Mit dem Gin „7 wonders" gewann er 2020 in London die Silbermedaille.

Kulinarik	Gostilna Murko, Tel. +386 (0)2 8838103, www.gostilnamurko.com
Infos	Museum Koroški pokrajinski muzej, Tel. +386 (0)2 6212520, www.slovenjgradec.si Tourismusinformation, Tel. +386 (0)2 8812116, www.slovenjgradec.si

34 Celje (Cilli)
Mächtige Grafen und starke Frauen

Gepflasterte Straßen aus römischer Zeit und eine mittelalterliche Burg sind Zeugen einer bewegten Vergangenheit.

Der Bahnhof von Celje, der 1846 errichtet wurde und eine wichtige Station auf der Eisenbahnstrecke zwischen Wien und Triest war, ist der ideale Ausgangspunkt für einen Stadtspaziergang. Wir überqueren von hier aus die von Norden nach Süden verlaufende Ulica XIV. divizije und spazieren geradeaus zum Krekov trg. Gleich rechter Hand sehen wir ein Neorenaissance-Gebäude, das 1867 im Stil des Historismus errichtet wurde und heute die Sparkasse beherbergt. Linker Hand erinnert das neogotische „Deutsche Haus" (Celjski dom), 1906 erbaut von Peter Paul Prang, fast ans bayerische Schloss Neuschwanstein. Dieser Bau für die deutschsprachigen Firmen und Vereine der Stadt entstand seinerzeit als Gegengewicht zum slowenischen Volkshaus (Narodni dom), dem heutigen Rathaus. Für Spaß bei Jung und Alt am Platz sorgt eine Brunnenanlage, die man im Sommer als „Erlebnisbad" benutzen kann. Ein paar

Das Denkmal für die slowenische Globetrotterin Alma Karlin.

Meter weiter, vor dem Haus Nr. 5, erinnert eine Skulptur an eine für ihre Zeit ungewöhnliche Frau: Alma Karlin (1889–1950) aus Celje studierte in Graz, London und Paris Sprachen und ging zwischen 1919 und 1928 auf Weltreise, die sie bis Südamerika und China führte. Sie sprach neben Deutsch elf Sprachen und berichtete regelmäßig in der Cillier Zeitung von ihren Reisen. Als Gegnerin des Nationalsozialismus wurde sie verhaftet, ihre Einlieferung in ein Konzentrationslager konnte durch eine einflussreiche Freundin verhindert werden. Nun biegen wir rechts in die Gubčeva ulica ab, wo wir bald auf der rechten Straßenseite zu einer altchristlichen Taufkapelle kommen, der Starokrščanska krstilnica, die aus dem 4./5. Jahrhundert stammt. Danach gehen wir das Stück wieder zurück und biegen nun rechts in die Prešernova ulica ein. Mit dem Haus Nr. 17 erreichen wir gegenüber der Kirche Mariä Empfängnis das alte Rathaus mit klassizistischer Fassade. Heute ist hier das Museum der neueren Geschichte und das einzige Kindermuseum Sloweniens untergebracht.

Wir spazieren geradeaus zum Trg celjskih knezov weiter, schwenken dort rechts in die Gledališka ulica und dann links in die Vodnikova ulica. Am Übergang zum Gledališki trg erreichen wir den Theaterturm (Gledališki stolp), den nordwestlichen Verteidigungsturm der historischen Stadtmauer und das Slowenische Volkstheater Celje. Gegenüber im Park erinnert das Denkmal „Krieg und

Frieden" (Vojna in mir) des Bildhauers Jakob Savinšek, gefertigt aus einem 10 Meter hohen Granitblock, an die Verwerfungen der Kriegsjahre in Celje. Nun spazieren wir weiter in die Ljubljanska cesta bis zum Trg celjskih knezov, wo sich das heutige Rathaus befindet, 1896 erbaut von dem tschechischen Architekten Jan Vladimír Hráský (1857–1939). Es war in der Habsburgerzeit Mittelpunkt des kulturellen und sozialen Lebens der slowenischsprachigen Bevölkerung. Hier steht auch die Skulptur des tschechischen Fotografen Josip Pelikan (1885–1977), der lange in Celje lebte. Sein fotografisches Erbe ist im Museum zur Zeitgeschichte zu besichtigen. Ein Stück weiter auf der rechten Seite befindet sich der Fürstenhof (Spodnji Celjski grad), im 14. und 15. Jahrhundert Residenz der Grafen von Cilli, die dem Ort auch die Stadtrechte verliehen. Das Erbe dieses Geschlechts fiel nach der Ermordung des letzten männlichen Sprosses 1496 an die Habsburger. Unter Maria Theresia umgebaut, beherbergt das Gebäude sehenswerte Ausstellungen, wie beispielweise über die römische Stadt Celeia unter dem heutigen Stadtkern. Wir gehen vom Fürstenhof weiter Richtung Savinja (Sann), biegen dann links in den Muzejski trg ein und kommen nach der Zentralbibliothek zur „Alten Grafei" (Stara Grofija). In diesem attraktiven Renaissanceschloss mit Arkaden befindet sich die sogenannte Cillier-Decke, deren illusionistische Deckenmalerei den Betrachter in den Himmel schauen lässt. Eine Ausstellung über Alma

Einst Sitz der mächtigen Grafen von Cilli, bietet die Burg
heute einen schönen Blick auf die Stadt.

Karlin bietet dort interessante Einblicke in das Leben dieser bemerkenswerten Frau.

Wir gehen von hier ein paar Meter die Straße zurück
und nehmen links auf der Höhe der Zentralbibliothek
den Steg über die Savinja. Im Stadtpark (Mestni Park)
kann man sich, speziell an heißen Tagen, stundenlang
aufhalten. Weiter flussabwärts kommt man zum Kapuzinerkloster mit der Cäcilienkirche, zu der 96 überdachte Stufen hinaufführen. Noch weiter flussabwärts
erreichen wir die Savinja-Brücke, die wir stadteinwärts

überqueren und danach rechts in den Fußweg Richtung Burg (Stari grad) einbiegen. Der Weg führt am linken Savinjaufer abwärts zu einer schmalen Brücke über die Voglajna, die hier einmündet. Nun gehen wir nach links die Stiege zum Gehweg hinunter und überqueren nach rechts am Zebrastreifen die Straße. Danach erreicht man einen Parkplatz, bei dem links ein Waldpfad zur Burg hinaufführt. Nach einer halben Stunde ist die Anlage aus dem Ende des 12. Jahrhundert erreicht. Sie erhielt im 14. Jahrhundert einen mächtigen Bergfried und war Sitz der Grafen von Cilli, im Mittelalter mächtige Vasallen und später Konkurrenten der Habsburger. Die Burg ist ein Symbol des raschen sozialen Aufstiegs dieses Adelsgeschlechts, das viele Besitzungen in der Steiermark, in der Krain und in Ungarn hatte. Speziell vom Friedrichsturm aus hat man einen außergewöhnlich schönen Blick auf die Stadt und das Savinjatal. Einen kleinen Umweg wert ist die in nächster Nähe gelegene Gostilna „Pri Kmetec". Nicht nur der Blick von der Terrasse des Gasthauses auf Celje ist wunderbar, man kann hier auch vorzüglich speisen.

Wir entscheiden uns für den gleichen Weg über die Burg zurück in die Stadt, spazieren hinter dem Kreisverkehr parallel zur Savinja durch die Savinjska ulica, die uns zum Slomškov trg bringt. Die hier befindliche Kathedrale St. Daniel war ursprünglich eine romanische Kirche und ist heute Bischofkirche des Bistums

Celje. Auffallend an der Fassade sind die Grabin-schriften in deutscher Sprache, die auf die mehrheit-lich deutschsprachige Bevölkerung in Celje vor 1918 hinweisen. Besonders sehenswert im Inneren sind die Fresken aus dem 15. Jahrhundert im Langhaus. Kurz danach kommt man auf den Hauptplatz (Glavni trg) mit der Mariensäule mit den Skulpturen der Heiligen Rochus, Florian und Josef. Ein paar Schritte abseits in der Gosposka ulica 3 gibt es eine Büste des schwedi-schen Dynamiterfinders Alfred Nobel (1833–1896), dessen eigenwillige Geliebte Sofia Hess ursprünglich aus Celje stammte. Für die Stadtgeschichte besonders interessant sind Wandmalereien und Bodenmosai-ken römischer Villen, die im Haus Hauptplatz Nr. 17 (Touristeninformation) für die Öffentlichkeit zugäng-lich sind. Gehen wir den Hauptplatz weiter Richtung Prešernova ulica, befindet sich an der Kreuzung lin-ker Hand ein vermutlich spätrömischer Brunnen mit

 34

Schwierigkeit	leicht, Aufstieg zur Burg mittel
Länge	etwa 6,5 km, 140 hm (Aufstieg zur Burg)
Gehzeit	2,5 Stunden
Anreise	mit öffentlichen Verkehrsmitteln zum Bahnhof Celje, mit dem Auto zum Parkplatz nahe dem Bahnhof (N46°13'36" E15°16'02"), Parkplatz bei der Burg (N46°13'08" E15°16'24")

Köstliches Dessert aus dem Haus „Pri Kmetec".

rätselhaften Zeichen. Von hier aus geht es durch die Prešernova ulica und über den Krekov trg zurück an den Ausgangspunkt des Stadtspazierganges.

Kulinarik	Gostilna Pri Kmetec, Tel. +386 (0)3 5442555, www.gostilna-kmetec.si
Info	Pokrajinski muzej Celje, Tel. +386 (0)3 4280962 oder +386 (0)31 612618, www.pokmuz-ce.si/en Tourismusinformation Celje, Tel. +386 (0)3 4287936, www.celje.si

Nazarje und Mozirje
Ein Kloster und ein Blütenreich

Eine alte Klosterbibliothek und ein romantischer Blumenpark sind die Höhepunkte dieser Tour.

Der Parkplatz knapp vor dem Blumenpark Mozirje (Mozirski gaj) ist ein guter Ausgangspunkt für diese Wanderung. Wir nehmen die Zufahrtsstraße zum Blumenpark, die an einem kleinen Fischweiher und einer alten Dampflokomotive vorbei zum Einlass führt. Wir entscheiden uns zunächst aber für eine kleine Wanderung zum Franziskanerkloster in Nazarje und gehen einfach die schmale Straße geradeaus weiter, bis wir zu einer kleinen Brücke kommen. Dort beginnt zwischen dem Savinja-Fluss und Feldern ein schmaler Pfad, der später in einen Schotterweg mündet. Dieser führt am rechten Ufer flussaufwärts, und bald eröffnet sich rechts der Blick auf eine Wehranlage. Ein gutes Stück weiter sieht man schon die Türme des Klosters, das auf einem Hügel thront. Wir passieren die Ortstafel von Nazarje und erreichen wenig später den Fuß des Klosterhügels bei einer T-Kreuzung. Hier wenden wir uns nach rechts und sehen nach einem kurzen Wegstück am anderen Savinja-Ufer die Burg Vrbovec (Altenburg), die aus

Wahrhaft einladend präsentiert sich der Blumenpark in Mozirje.

dem späten 15. Jahrhundert stammt. Ende des Zweiten Weltkriegs wurde sie von den Partisanen teilweise
zerstört, später aber wiederaufgebaut. Heute ist hier ein
Forst- und Holzwirtschaftsmuseum untergebracht.
Wir setzen den Weg bis zur Brücke über die Savinja fort,
wo wir links die überdachte Stiege auf den Klosterhügel

Formschnitt-Kunstwerke auf dem Gelände des Blumenparks.

nehmen. Diese geht nach einigen Stufen in einen lauschigen Waldpfad über, der uns in wenigen Minuten hinauf zum Kloster bringt. Ursprünglich stand hier eine Loreto-Kapelle, die nach einem Gelöbnis von Bischof Tomaž Hren (1560–1630) gebaut und 1628 eingeweiht wurde. Da der Pilgerzustrom zu diesem Gnadenort ständig zunahm, bauten die Franziskaner ein paar Jahrzehnte später ein Kloster und eine größere Kirche. Das Kloster besitzt einen schönen Innenhof und einen Arkadengang. Prunkstücke der Bibliothek sind eine Pergamenthandschrift aus dem 11./12. Jahrhundert, eine Übersetzung des Evangeliums von Primož Trubar aus dem Jahr 1557 und zwei Bibeln aus Dalmatien aus dem späten 16. Jahrhundert. Überregional bekannt war auch die Klosterapotheke, die schon Ende des 17. Jahrhunderts ihren Betrieb aufnahm. In Blickrichtung Kirche umrunden wir auf der linken Seite das Kloster und schlagen am Ende des Gebäudekomplexes linker Hand einen eher unscheinbaren Wiesenpfad ein. Hier befinden sich verschiedene Kreuzwegstationen, die

Typische Gebäude der Region verschönern
die 1978 gegründete Anlage in Mozirje.

an schmalen Baumstämmen befestigt sind. Zwischen den Stationen IX und VIII teilt sich der Pfad, dem wir halblinks bergab in den Wald folgen und der schließlich in eine Nebenstraße mündet. Nun schwenken wir zweimal nach links und erreichen in 50 Metern die T-Kreuzung, die wir schon vom Herweg kennen. Nun geht es den uns schon bekannten Weg zurück bis zum Blumenpark von Mozirje. Dieser entstand nach einer Idee des örtlichen Gärtners Jože Skornšek und wurde 1978 eröffnet. Das sieben Hektar große Areal liegt zwischen der Savinja im Norden und einem kleinen Bach im Süden. Der Betreuungsaufwand ist beträchtlich, werden doch jährlich zwischen 200 000 bis 400 000 Tulpen- und 50 000 Narzissenzwiebeln gepflanzt. Harmonisch fügen sich volkskundliche interessante Gebäude und Objekte

35

Schwierigkeit	leicht
Länge	rund 5,5 km, 40 hm auf Klosterhügel
Gehzeit	rund 1,5 Stunden
Anreise	mit öffentlichen Verkehrsmitteln Bahnhof Celje, dann mit dem Bus nach Mozirje; mit dem Auto zum Parkplatz vor dem Blumengarten (N46°20'11" E14°57'57")

in das Gelände ein: So gibt es kunstvolle Flechtwerke zu sehen, eine alte Schmiede und eine idyllische Mühle am rauschenden Bach. All das lässt sich auch von einem fast 20 Meter hohen Aussichtsturm überblicken. Ein kleines geschichtliches Detail, das den Einfallsreichtum und die Durchsetzungskraft der Menschen in Mozirje unterstreicht, soll auch erwähnt werden: Nach der Märzrevolution 1848 setzte die Bevölkerung die erste slowenischsprachige Gemeindevertretung durch. Im Anschluss an die Wanderung kann man auch noch das historische Ortszentrum besuchen und im Restavracija Lesnika einkehren. Das Haus mit regionaler slowenischer Küche verführt mit selbstgemachtem Brot und Nudeln und wird von einem jungen, innovativen Gastwirt geführt.

Kulinarik   Restavracija Lesnika, Tel. +386 (0)5 9166477, www.lesnika.eu
Information   Tourismusinformation Mozirje, Tel. +386 (0)70 799099, www.visitmozirje.com/en Blumenpark Mozirje, Tel. +386 (0)3 5832719, www.mozirskigaj.com

Ptuj *(Pettau)*
Eine Stadt mit langer Geschichte

Ptuj, die älteste Stadt des heutigen Slowenien und des ehemaligen Herzogtums Steiermark, liegt malerisch eingebettet zwischen der Drau und Weinbergen.

Es gibt zwei Möglichkeiten, sich einen Überblick über den historisch bedeutsamen Ort zu verschaffen und einen Rundgang zu starten: nämlich vom Schloss aus oder von der Fußgänger- und Radfahrerbrücke über die Drau. Wir entscheiden uns für die Brücke, spiegelt sich hier doch bei Schönwetter die ganze Altstadt im Wasser – das macht diesen Platz zu einem der besten Fotopoints von Ptuj. Das malerische Stadtbild blieb glücklicherweise von modernen Hochhausbauten verschont. Wir spazieren über die Brücke Richtung Altstadt, schwenken nach rechts und gehen an der Drau beziehungsweise an der Dravska ulica entlang bis zum Drauturm, in dem eine Galerie untergebracht ist. Ein Stück weiter biegen wir nach links zum Minoritski trg ab. Das dortige Minoritenkloster stammt ursprünglich aus dem 13. Jahrhundert, wurde später barockisiert und hat einen schönen Renaissance-Innenhof mit Arkaden. Es beherbergt eine besondere Klosterbibliothek mit über 5 000 Bänden und wurde nach seiner Zerstörung im

Die ziegelrote Dachlandschaft von Ptuj, verdoppelt durch die Drau.

Zweiten Weltkrieg umfassend restauriert. Von hier gehen wir über die Krempljeva ulica weiter stadteinwärts zum Mestni trg mit dem Rathaus im Stil des Historismus, das von dem Wiener Architekten Max von Ferstel in den Jahren 1906 bis 1908 erbaut wurde.

Wir biegen nun in die Murkova ulica ein und kommen zum Slovenski trg mit dem mächtigem Stadtturm. Dieser hat ein barockes Zwiebeldach, und an seiner Mauer sind eine Reihe von antiken Tafeln angebracht. Kurioserweise besitzt er nur drei Turmuhren: Es wird erzählt, dass der Schlossbesitzer einst zu geizig war, seinen Beitrag für die Uhren zu leisten, sodass die Stadtbewohner die Uhr auf der dem Schloss zugewandten Seite einfach wegließen. Am Fuße des Turmes befindet sich der fünf Meter hohe Grabstein für Marcus Valerius Verus, den römischen Statthalter von Poetovio. Der Monolith aus Marmor aus dem 2. Jahrhundert ist mit Szenen aus dem Orpheus-Mythos verziert und diente im Mittelalter als Pranger. Die dahinterliegende gotische St. Georgs-Kirche mit ihren barocken Elementen steht wohl am Platz einer alten christlichen Basilika. Eine Besonderheit in der Kirche sind die Fresken aus dem 15. Jahrhundert, die alle sozialen Klassen mit Ausnahme des Bürgertums darstellen. Gleich neben der Tourismusinformation nehmen wir die schmale Gasse bergauf zum Schloss, an dessen Stelle einst ein römisches Kastell stand. Nach einem Rechtsschwenk gehen wir durch das Schlosstor und gelangen auf eine Terrasse mit einem außergewöhnlichen Blick auf die historische Altstadt und deren ziegelrote Dachlandschaft.

Die römische Vorgängerstadt Poetavio, an der Bernsteinstraße gelegen, wurde schon früh zu einem wichtigen Verkehrs-, Handels- und Militärstützpunkt. Hier wurde 69 n. Chr. Vespasian zum Kaiser ausgerufen, das Stadtrecht bekam sie unter Kaiser Trajan. Nach den Römern kamen die Awaren und Slawen, schließlich sicherten sich die Salzburger Erzbischöfe das Pettauer Gebiet. 1555 kam die Region zum Herzogtum Steiermark und blieb bis 1918/1919 Teil der Habsburgermonarchie. Im 9. Jahrhundert wird eine Festungsanlage erwähnt, die im 12. Jahrhundert von den Salzburger Erzbischöfen und im 17. Jahrhundert von dem schottischen General Walter Leslie umgebaut wurde, der durch Heirat in den Besitz von Pettau kam. Von 1873 bis 1945 war das Schloss im Besitz der Familie Herberstein, eines steirischen Adelsgeschlechts. Heute bietet die Anlage eine vielfältige Museumslandschaft mit einer Waffen-, Gemälde- und einer Musikinstrumentensammlung sowie einer Ausstellung der lokalen Karnevals-Masken. Diese merkwürdigen Gebilde aus Fell oder Stroh kommen beim traditionsreichen Karneval, dem „Kurentovanje" in Ptuj zum Einsatz, der zum immateriellen Weltkulturerbe der UNESCO gehört.

Von der Westseite des Schlosses gehen wir nun bergab zum 1230 gegründeten Dominikanerkloster (Muzejski trg), das heute für kulturelle Zwecke genutzt wird. Der Sakralbau hat eine reich verzierte rosafarbene

Das Innere des Mithräums III in Ptuj.

Rokoko-Kirchenfassade und einen gotischen Kreuzgang. Nach dem historischen Stadtspaziergang laden in der Stadt zahlreiche Gostilne und Cafés zum Verweilen ein. So beispielsweise das Gasthaus Rozika, wo aus frischen Zutaten beste Hausmannskost aufgetischt wird – unter anderem Kuttelsuppe und Gulasch. Man kann auch noch in nächster Nähe (Vinarski trg 1) Sloweniens ältesten Weinkeller „Ptujska klet" und dessen Holzfass mit mehr als 40 000 Liter Fassungsvermögen bestaunen.

Als Rückweg zum Ausgangspunkt des Stadtspaziergangs schlagen wir die Cankarjeva ulica vor, die uns über die Dravska ulica zur Brücke über die Drau zurückbringt. Ein Besuch in Ptuj wäre unvollständig, würde man nicht eines der sogenannten Mithräen aufsuchen. Die römischen Soldaten brachten einst aus dem Osten des Reiches einen orientalischen Kult mit, der wahrscheinlich auf den persischen Lichtgott Mithras zurückging. In Ptuj wurden Schreine dieses Gottes entdeckt, einer

36

Schwierigkeit	leicht
Länge	5,5 km, Steigung unerheblich
Gehzeit	etwa 2 Stunden
Anreise	mit öffentlichen Verkehrsmitteln Haltestelle Bahnhof Ptuj, mit dem Auto zum Parkirni Zadružni trg (N46°24'59" E15°51'58")
Kulinarik	Gostilna Rozika, Tel. +386 (0)70 668487

davon befindet sich beim Mithräum III. Wir erreichen es, indem wir von der Stadt kommend am Ende der Fußgängerbrücke rechts abbiegen. Dann geht es etwa 700 Meter flussaufwärts bis zu dem Thermenkomplex mit Riesenrutsche. Vor der Umzäunung nehmen wir links einen Schotterweg (Wegweiser Starše), und bei der Tafel „Terme Ptuj, Sava Hotels" überqueren wir die Straße und gehen etwa 50 Meter am Südende eines Parkplatzes entlang. Beim ersten Haus nehmen wir den Pfad nach links, überqueren dann ein schmales Sträßchen sowie eine Brücke und folgen diesem Weg halbrechts weiter. Nach einem weißen Haus mit modernem Satteldach biegen wir links in einen Feldweg ein und stehen nach etwa 80 Metern vor dem Mithräum. Hier kann man Kultbilder, Altäre und Reliefs besichtigen und sich auf diese Weise ein Bild über den Mithraskult machen. Schließlich gehen wir denselben Weg bis zum Parkplatz an der Brücke zurück.

Infos	Mit dem Auto zum Mithräum III:
	(N46°25'03" E15°51'17")
	Tourismusinformation Ptuj, Tel. +386 (0)2 7796011,
	www.ptuj.info
	Schloss Ptuj, siehe unter www.schloesserstrasse.com

Jeruzalem
Kein Scherz –
eine Runde um Jeruzalem!

Der kleine Ort mit Kirche und Vinothek liegt an den Ostausläufern der Windischen Bühel zwischen Ormož und Ljutomer – und nicht im Nahen Osten.

Die Region um Jeruzalem ist wegen der günstigen Lage im Bereich des illyrischen Klimas eines der bekanntesten Weinanbaugebiete Sloweniens. Hier werden von den sich meist in Familienbesitz befindenden Weingütern vor allem die Weißweinsorten Welschriesling, Šipon, Chardonnay, Muskat Ottonel und Gelber Muskateller gekeltert.

Um sich ein Bild von diesem „himmlischen Jeruzalem" zu machen, orientieren wir uns am Rande des Parkplatzes unterhalb der Kirche an dem Wegweiser „Jeruzalemska vinska pot" und folgen seiner Pfeilrichtung. Nach ein paar Metern schwenken wir an einer Kreuzung nach links und wandern weiter in Richtung des Dörfchens Svetinje, dessen Kirchturm schon von Weitem zu sehen ist. Der Weg bis Svetinje ist auch als Teil des Jakobsweges (Jakobova pot) ausgewiesen. Auf der Wanderung dorthin kommt man beim Winzerhaus Zidanika Malek vorbei, das einen imposanten Gewölbekeller und eine hauseigene Kapelle besitzt. Dort gibt es die Möglichkeit,

Dem Weinbau gewidmet ist die Kulturlandschaft rund um Jeruzalem.

eine Weinprobe mitzumachen und ein kleines Weinmuseum zu besichtigen. Im späten 19. Jahrhundert gehörte dieses Haus der Familie Fischerau, einer Familie
von Gastwirten und Weinhändlern aus Leoben. Wenn
wir danach weiter Richtung Svetinje spazieren, gibt es
bereits auf der nächsten Kuppe mit der Taverna Kupljen eine weitere Einkehrmöglichkeit. Von der Terrasse dieses landestypischen Gasthofs, in dem man auch
übernachten kann, bietet sich ein wundervoller Blick
vor allem Richtung Norden und Westen auf eine von
Menschenhand gestaltete Natur, die wie ein gepflegter
Landschaftspark wirkt. Die slowenische Küche und die

ZV LOB VND ERNEDER ALLER
HEILLIGISTEN DREVEALTIGKEIT
VND DER HOCHGEBEDEVTEN
IVNGFRAVEN VND MVETTER
GOTTES MARIA IST DISE CAP
EL GEBAVT WORDEN · VND · IST
DER · ERSTE · STAIN · DEN J 7 IVLV
GELECT VND DEN Z J OCTBER 165
ISTEN · IAR DIE · ERSTE · HEILLIGE
MEES · VERRICHT WORDEN DISE CRE
WIERDT BEVVNSER LEBEN ZV HERVSEL
M · GENANT · HANS · DRVMBLZ VND MARIAS
LEME SEIN HVSFRAWER WALTER · ZV OBERRAD
KERSPVR

Altdeutsche Inschrift in der Allerheiligenkirche von Jeruzalem.

Weine des Hauses lassen zudem keine Wünsche offen.
Auf dem weiteren Weg erreichen wir schließlich Svetinje, einen auf aussichtsreicher Höhe gelegenen Ort
mit einer Barockkirche aus dem frühen 18. Jahrhundert. Auf der Südseite des Gotteshauses steht eine alte
Glocke. Unterhalb der Kirche nehmen wir nach links
die Straße bergab Richtung Mihalovci. Einige Meter
vor der Ortstafel führt uns wieder der Wegweiser „Jeruzalemska vinska pot" nach links ins Tal. Dort angekommen, wandern wir zuerst nach links und dann

später halbrechts dem Wegweiser Richtung „Kmetja Ratek" nach. Oben auf dem Bergrücken angekommen, folgen wir bei einem Transformator aber nicht mehr dem Wegweiser Richtung Kmetja Ratek, sondern gehen geradeaus weiter. Die schmale Nebenstraße mündet schließlich in die Zufahrtsstraße nach Jeruzalem, wo wir wieder dem Wegweiser „Jeruzalemska vinska pot" bis zur Kirche folgen. Das heutige Gotteshaus, auf dessen Hauptaltar sich ein Altarbild mit Maria mit Christus auf dem Schoß befindet, stammt aus dem 17. Jahrhundert. Eine Inschrift zur Erinnerung an den Bau

Nach Svetinje und seiner Kirche führt eine Strecke des slowenischen Jakobsweges.

ist im Kircheninnern in altdeutscher Sprache angebracht. Neben diesen wenigen geschichtlichen Daten
gibt es auch eine Reihe von Geschichten über den Ort,
vor allem aber über seinen Namen. So erzählt man,
der kleine Ort sei im 13. Jahrhundert von deutschen
Kreuzrittern, die aus Jerusalem zurückkamen und das
Marienbild mitbrachten, gegründet worden. Manche
Einheimische geben auch augenzwinkernd zum Besten, Ritter seien auf dem Weg nach Jerusalem dem guten Wein dieser Region verfallen, gleich hiergeblieben
und hätten dann zu Hause erzählt, in Jerusalem gewesen zu sein.

37

Schwierigkeit	mittel
Länge	etwa 7 km, 110 hm
Gehzeit	2 Stunden
Anreise	mit öffentlichen Verkehrsmitteln zum Bahnhof Ljutomer, von hier mit dem Taxi Hlebec Tel. +386 (0)31 470836 nach Jeruzalem; mit dem Auto zum Parkplatz bei der Kirche (N46°28'31" E16°11'16").
Kulinarik	Taverna Kupljen, Tel. +386 (0)2 7194128, www.vino-kupljen.com/sl/taverna
Info	Tourist Information Center Jeruzalem, Tel. +386 (0)2 7194545

Tipp: Wenn man schon in dieser Region ist, kann man auch die nahe Kleinstadt Ljutomer mit ihrem attraktivem Zentrum besuchen, oder auch Ormož beziehungsweise das benachbarte Varaždin auf kroatischem Gebiet, die beide mit schönen Schlössern aufwarten können. Oder man nimmt sich wie die Kreuzritter mehr Zeit, sich in Jeruzalem mit einem Aufenthalt in den Weinkellern und Gostilne für die Wanderung zu belohnen. Ein ausgezeichnetes Haus in besonders schöner Lage mit Ausblick über die Weingärten und rustikalem Inneren ist die Taverna Kupljen. Nicht unerwähnt bleiben soll auch das freundliche Personal.

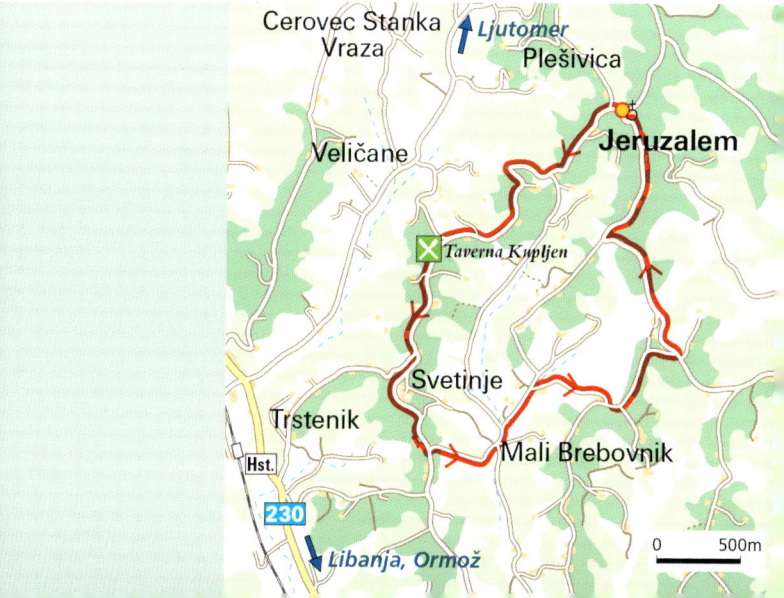

38 Selo
Sakrales Meisterwerk
im ländlichen Raum

Die Siedlungsgeschichte einer Region, ein kunsthistorisches Kleinod und ein Einblick in das Müllerhandwerk sind Themen dieser Wanderung.

Der Ausgangspunkt ist der Parkplatz nahe der Rotunde von Selo, nur ein paar Kilometer von der ungarischen Grenze entfernt. Die aus Ziegeln errichtete kleine Rundkirche stammt aus der Mitte des 13. Jahrhunderts und ist dem hl. Nikolaus geweiht. Kurz vor der Rotunde nehmen wir halbrechts am Waldrand einen Feldweg, der zu der schmalen Straße Richtung Berkovci führt. Vor Erreichen der Straße beginnt der Info-Pfad über die ländliche Kulturlandschaft dieser Region (Geografska učna pot Selo). Dabei lernen wir frühere Bewirtschaftungsformen kennen und erfahren etwas über die Entwicklung der ländlichen Bevölkerung, die im 20. Jahrhundert durch Abwanderung stark schrumpfte, was den Siedlungsraum veränderte und zu einer Überalterung der Bewohner führte. Der Weg bringt uns zu einem Weiher, der einst für die Tränke von Tieren und zur Feldbewässerung genutzt wurde. Nun wandern wir weiter bergauf, begleitet von Informationen

Die Rotunde von Selo, ein architektonisches
Kleinod aus dem 13. Jahrhundert.

über die Tierwelt der Region und die Bedrohung der
naturnahen und kleinteiligen Wirtschaftsweise. Bei einem Bauernhof, der von Obstbäumen umgeben ist, erinnert ein Brunnen mit einem mehr als 50 Meter tiefen
Schacht an die ehemalige Bedeutung solcher Anlagen
für die Trinkwasserversorgung des ländlichen Raumes:
Früher mussten die Menschen ihre Lebensweise und
die Lage ihrer Parzellen dem Klima, der Bodenqualität
und dem Vorkommen von Quellen oder Grundwasser

anpassen und so naturnah wie möglich wirtschaften. Nach der Mechanisierung der Landwirtschaft seit Ende des 19. Jahrhunderts sank die Zahl der Arbeitskräfte in der Landwirtschaft, während die Ertragssteigerung durch den Einsatz von chemischen Schädlingsbekämpfungsmitteln stieg. Heute beginnt man, eine Wirtschaftsweise wieder zu schätzen, die auf eine nachhaltige Bewirtschaftung der Böden setzt – und damit auch die Konsumenten in die Pflicht nimmt, die dafür nötigen Preise für die bäuerlichen Produkte zu bezahlen. Solche Einsichten vermitteln die Infotafeln auf dieser Wegstrecke.

Der idyllische Info-Pfad zur ländlichen Kulturlandschaft startet in Selo.

Es geht von nun noch ein kurzes Stück am Hügelkamm entlang weiter, bis wir den Waldrand erreichen. Hier erfahren wir etwas über die Vergrößerung des Waldbestandes infolge von Abwanderung und der damit verbundenen Auflassung von landwirtschaftlichen Flächen sowie über die charakteristischen Buchenwälder dieser Region. An dieser Stelle sollte man sich nicht von nach links und rechts weisenden Pfeilen irritieren lassen, sondern einfach geradeaus gehen und bergab den im Sommer angenehm Schatten spendenden Buchenwald genießen. Nach einem Friedhof erreichen wir bald den Talboden mit seinen feuchten Böden und Nasswiesen, die vom Aussterben bedrohten Tieren und Pflanzen Lebensraum bieten: Dazu zählen beispielsweise der Helle Wiesenknopf-Ameisenbläuling, ein Schmetterling aus der Familie der Bläulinge, oder der Lungen-Enzian. Hier steht auch die Časar-Mühle aus dem Jahr 1930, die bis 1968 in Betrieb war und in der heute historische Arbeitsgeräte renoviert und präsentiert werden. Dieses slowenische Denkmal der Kulturtechnik ist zu besichtigten. Einige Meter weiter endet bei der Kapelle von Berkovci der Weg, der einen beispielhaften Einblick in ein wünschenswertes nachhaltiges Zusammenleben des Menschen mit der Natur bietet.

Von hier aus wandern wir zu unserem Ausgangspunkt bei der Rotunde von Selo zurück, wo ein architektonisches Kleinod auf die Besichtigung wartet. Die auf einer Mauer aus Vulkansteinen errichtete kleine romanische Kirche aus der Mitte des 13. Jahrhunderts ist weiß gefärbelt und durch vertikale Streifen gegliedert. Unterhalb des oberen Kranzgesimses verläuft eine Art Konsolenfries. Der Innenraum ist nach einem theologischen Konzept mit gotischen Fresken ausgestattet. So ist beispielsweise an der Wand fragmentarisch die Passion Christi und in der Kuppel der Gekreuzigte in den Armen von Gottvater auf dem Gnadenthron zu sehen. In den Nischen im unteren Teil gibt es Heiligendarstellungen, beispielsweise des hl. Nikolaus, dem die Kirche geweiht ist. In unmittelbarer Nachbarschaft zur Rotunde liegt die Gostilna pri Martinu: Hier gibt es Köstlichkeiten aus hauseigenen Fleisch- und Wurstprodukten zusammen mit Gemüse aus dem Hausgarten und natürlich auch die süße Spezialität Prekmurska gibanica.

Ein weiteres interessantes sakrales Bauwerk ist die von Jože Plečnik (1872–1927) im nahen Bogojina gebaute

38

Schwierigkeit	leicht
Länge	etwa 6 km, 70 hm
Gehzeit	rund 2,5 Stunden
Anreise	mit öffentlichen Verkehrsmitteln zum Bahnhof Murska Sobota, von dort mit dem Bus nach Selo; mit dem Auto zum Parkplatz nahe der Rotunde von Selo (N46°44'07" E16°17'31")

Kirche. Plečnik war ein Schüler des österreichischen Jugendstilarchitekten Otto Wagner (1841–1918). Auffallend ist der von ihm neben der Barockkirche erbaute, dominante zylindrische Glockenturm. Das schneeweiße Gebäude wird von den Einheimischen auch „die weiße Taube" genannt. Im Inneren fällt eine Holzdecke aus runden Brettern und Balken auf, die mit Töpferwaren von Künstlern der Region Prekmurje geschmückt ist. Plečniks Arbeiten haben auch in den Stadtbildern von Laibach, Prag oder Wien, wo er einige Stadtbahnstationen und die Heilig-Geist-Kirche erbaute, Spuren hinterlassen. Im etwa 30 Kilometer von Selo entfernten Lendava befindet sich mit dem Kulturhaus von Imre Makovecz am György Zala Platz ein bemerkenswerter Profanbau der Postmoderne: Makovecz (1935–2011) wurde von dem österreichischen Anthroposophen Rudolf Steiner, dem spanischem Architekten Antoni Gaudí und dem ungarischen Jugendstil beeinflusst.

| Kulinarik | Pri Martinu, www.makarigostilna.com, Tel. +386 (0)2 5441096 |
| Info | Visit Pomurje, Tel. +386 (0)2 5381520, www.visitpomurje.eu/de |

Ižakovci und Veržej
Von Mühle zu Mühle

Die Route entlang der Mur startet bei der „Liebesinsel" und verbindet die historischen Landschaften Prekmurje und Štajerska.

Die Wanderung beginnt auf dem naturnah angelegten Parkplatz bei der „Liebesinsel" (Otok Ljubezni) in der Nähe des Dorfes Ižakovci (Isaacs Dorf). Wir überqueren hier die Mur, die mit einem Altarm des Flusses eine kleine Insel bildet. Ein stilisiertes Herz mit dem Schriftzug „Otok Ljubezni" (Insel der Liebe) schenkt uns Gewissheit, dass wir auf dem richtigen Weg sind. Hier schwenken wir rechts und erreichen eine auf zwei Booten schwimmende Schiffsmühle (Mlin na Muri), die nach Vorbild der alten Murmühlen 1999 neu erbaut wurde. Im gegenüberliegenden Informationsbüro ist die Eintrittskarte für die Mühlenbesichtigung erhältlich, ebenso Getränke und Produkte aus heimischer Produktion. Zudem ist eine organisierte Murfahrt mit dem Boot buchbar. Ein kleines Stück weiter muraufwärts verbindet eine Fähre das linke und rechte Murufer. Wir wandern von hier am Ufer weiter muraufwärts, bis der Weg nach ungefähr einem Kilometer einen Rechtsschwenk landeinwärts macht. Kurz danach biegen wir links in einen Weg

Treffpunkt für Verliebte auf der natürlich entstandenen Murinsel.

ein, der durch den Auwald nah am Fluss entlangführt. Die Mur bildet hier die Grenze zwischen den historischen Landschaften Štajerska und Prekmurje (Übermurgebiet). Letztere gehörte im Mittelalter zum Königreich Ungarn, erst nach den Türkenkriegen kam es als Königliches Ungarn zu Österreich. Eine bemerkenswerte, kurze Episode war die als Abspaltung der slowenischen Bevölkerungsgruppe gedachte „Murrepublik" im Frühjahr 1919, die allerdings nur sechs Tage Bestand hatte.

In der Babič Mühle wird seit 1912 Mehl gemahlen.

Im Vertrag von Trianon im Jahr 1920 wurde das Prekmurje-Gebiet von Ungarn herausgelöst und dem SHS-Staat zugeschlagen. Im Unterschied zur Štajerska gab es hier schon immer eine slowenisch- und ungarischsprachige Bevölkerung, mit Ausnahme von nur wenigen deutschsprachigen Ortschaften. Auch heute noch spricht man hier prekmurisch (Prekmürščina), einen slowenischen Dialekt mit den Umlauten „ü" und „ö". Auf dem Weg durch den Auwald weiter muraufwärts erreichen wir eine Eisenbahnbrücke. Drei Sowjetsterne am Brückentragwerk erinnern daran, dass hier hunderte Soldaten der Roten Armee in Kämpfen mit den NS-Besatzern ihr Leben verloren haben. Vorbei an einem Fischteich erreichen wir die Straße 439 zwischen Dokležovje und Veržej. Um zur Babič Mühle (Babičev mlin) zu kommen, gehen wir diese Straße nach links 800 Meter entlang und überqueren dabei auf der Murbrücke den Fluss. Nach dem Schild „Stara Mura" zweigen wir rechts in einen Forstweg ab (Gozdna cesta), der zum Sportplatz des NK Veržej führt. Nun halten wir uns rechts und erreichen nach 300 Metern die Babič Mühle,

Ein Hauch von Pannonien ist bei diesen Häusern zu spüren.

wo seit 1912 Mehl gemahlen wird – ein voll funktionierender Betrieb, der von der Familie Babič in mühevoller Arbeit geführt wird. Bei diesem besonderen Werkl schwimmt das Wasserrad auf dem Boot, mittels eines Riemens wird die Kraft auf die Mühle am Ufer übertragen. Man glaubt sich in eine andere Welt versetzt – ganz ohne Computer und Hightech. Irgendwie fast unglaublich! Der Rückweg – von Mühle zu Mühle – ist derselbe wie der Hinweg.

Wenn man jedoch noch Lust auf insgesamt zwei zusätzliche Kilometer hat, sollte man noch das Dörfchen Veržej aufsuchen. Der Weg von der Mühle ins Dorf

39

Schwierigkeit	leicht
Länge	9 km, Steigung unerheblich
Gehzeit	rund 2 Stunden
Anreise	mit öffentlichen Verkehrsmitteln zum Bahnhof Veržej, dann mit dem Taxi zur Liebesinsel; mit dem Auto Parkplatz bei der Liebesinsel (Otok Ljubezni) (N46°34'49" E16°12'30")
Kulinarik	Gostilna Tonček, Beltinci, Tel. +386 (0)2 5422290, www.gostilna-toncek.si
Information	Tourismusinformation Beltinci, Tel. +386 (0)2 5413580, www.ztk-beltinci.si

führt vom Sportplatz geradeaus ins Zentrum. Das Angerdorf mit der Michaelskirche ist auch der Geburtsort des slowenischen Komponisten Slavko Osterc (1895–1941), der neben sechs Opern, Chorwerken und Liedern auch eine Harmonielehre verfasst hat. Im Frühjahr kann man auf den Feldern blühende weiße Narzissen bewundern. Will man gut essen gehen, so sei die Gostilna Tonček im nahen Beltinci empfohlen: Das Haus bietet eine Mischung von traditioneller und moderner regionaler Küche, die sehr freundliche Chefin spricht ausgezeichnet Deutsch.

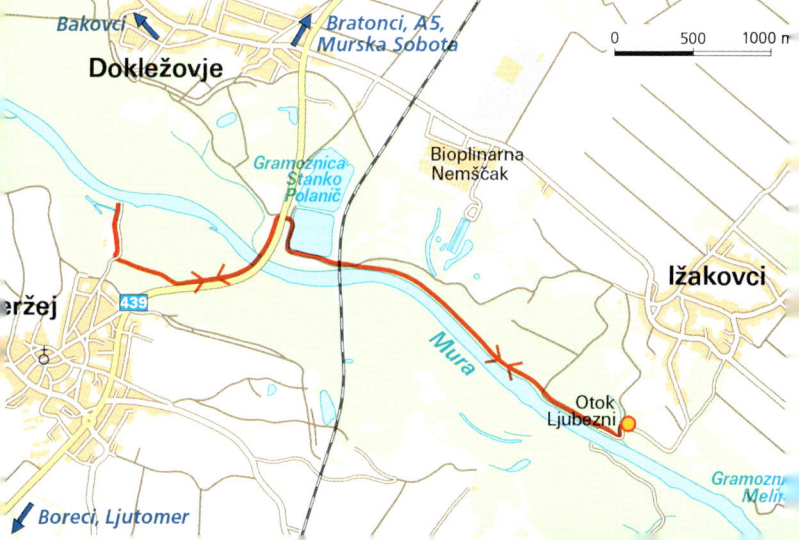

40 Grad

Vulkane, Naturpark und ein Schloss

Grad – ein kleiner Ort mit Geschichte und einem Erlebnispark, der dem Untergrund auf den Grund geht.

Als Ausgangspunkt des Rundgangs eignet sich der großzügig angelegte Parkplatz im Norden der Ortschaft. Von hier spazieren wir zur Hauptstraße zurück und biegen bei der Gostilna Klement links ein. Vorbei an der Gostilna Raj kommen wir bei der Gostilna Bežan-Žoekš zur Kirche Mariä Himmelfahrt, die im Zentrum der Ortschaft – „Pörga" (= Bürger) genannt – etwas erhöht oberhalb der Straße liegt. Ihre Anfänge gehen ins 11. Jahrhundert zurück, das etwas schmälere gotische Presbyterium kam im 14. Jahrhundert dazu, der 35 Meter hohe Turm im Jahr 1729. Auf dem Hauptaltar ist eine Statue Mariens mit dem Jesuskind aus dem Jahr 1510 zu sehen. Unter dem Altar befindet sich die Krypta der Familie Széchy, eines bedeutenden ungarischen Adelsgeschlechtes zwischen dem 13. und 17. Jahrhundert. Vorbei an der Nordseite der Kirche führt ein Steig auf einen Hügel aus Basalttuff, auf dessen Plateau wir den weitläufigen Park des Schlosses Grad erreichen. Botanische Raritäten wie Schnur- und Tulpenbäume sind hier zwischen Platanen

Auf einem Basalttuff-Hügel thront das 800 Jahre alte Schloss Grad.

und Roteichen zu finden. Das annähernd 800 Jahre alte
Gebäude mit Stilelementen von der Romanik bis zum
Barock gehört zu den größten Schlössern Sloweniens.
Es besitzt einen barocken Glockenturm und reiche Ar-
kadengänge. Es war im Laufe der Jahrhunderte Reprä-
sentationsresidenz für Adelsfamilien wie die der Széchys,
Batthyánys oder Nádasdys. Die Anlage wurde während
und nach dem Zweiten Weltkrieg von der Roten Armee
und der Jugoslawischen Armee zweckentfremdet und
wird seit etwa 20 Jahren wieder schrittweise restauriert.
Heute wird der imposante Bau für historische, natur-
und volkskundliche Dauerausstellungen sowie für Seminare genutzt. In stilvoll eingerichteten Zimmern kann

Heute ist Schloss Grad unter anderem Sitz der Naturparkverwaltung.

man auch übernachten. Im Gebäude befindet sich zudem der Sitz der Naturpark- und der Natura-2000-Verwaltung der Region Goričko. Als landschaftliche Fortsetzung des oststeirischen Hügellandes im Dreiländereck Slowenien-Österreich-Ungarn ist sie auch als Naturpark Goričko-Raab-Őrség bekannt. Langgestreckte Felder, Wiesen, Wälder, Obst- und Weingärten sowie Streusiedlungen und entlegene Höfe prägen diesen Landstrich.

Wir kommen nun auf demselben Weg zurück ins Ortszentrum und biegen nach dem Café Huber rechts zum Erlebnispark Vulkanija ab. Vor dem Haus begrüßt uns

Oli, ein „Kenner der Vulkane und des geologischen Untergrundes von Goričko". Sein Name leitet sich von Olivin, einem bedeutenden Mineral dieser Gegend, ab. Diese Region war vulkanisches Gebiet, wenn auch der letzte Ausbruch schon mehr als drei Millionen Jahre zurückliegt. Der Erlebnispark und die ehemalige Lederfabrik, in der ein geologisches Museum untergebracht ist, liegen inmitten eines ehemaligen Vulkankraters. Im Erlebnispark Vulkanija kann man Interessantes über die Erdgeschichte erfahren, durch ein Lavarohr gehen und sich mit einem Lift in den vulkanischen Untergrund begeben. Interessantes über die Entstehung des Alls oder den Ausbruch eines Vulkans erfährt man in einem 3D-Kino. In der ehemaligen Lederfabrik nebenan, in der noch die Betonbecken der Färberei erhalten sind, befindet sich ein geologisches Museum. Kartenmaterial, Fossilien und Mineralien der Region sowie interaktive Technologien ermöglichen es, sich ein umfassendes Bild von der geologischen Situation der Region zu machen.

Ein Steinbruch ist die dritte Station auf der „Vulkanwanderung". Er lässt sich auf zweierlei Art und Weise erreichen: Die bequemste Möglichkeit ist sicher die mit dem Zug, der vom großen Parkplatz hinter dem Erlebnispark abfährt und die Besucher nicht nur zum Steinbruch bringt, sondern auch zu besonders schönen Aussichtspunkten auf den Hügeln von Grad. Von dort hat man einen wundervollen Blick auf die österreichische Seite

Bograč, eine Art Kesselgulasch,
ist eine Spezialität der Region Prekmurje.

wie auf den Stradner Kogel oder auf das Schloss Kapfenstein. Zudem erfährt man auf der Fahrt Genaueres
über den geheimnisvollen Drachen Kač, dem hier in der
Nähe seine mit Edelsteinen besetzte Krone entwendet
wurde. Die zweite Möglichkeit, den Steinbruch zu erreichen, ist ein kurzer Weg von Vulkanija aus auf der
Straße 716 nach Norden Richtung Kuzma. Nach ungefähr einem Kilometer kommt man rechter Hand zum

Steinbruch, einem Naturerbe-Denkmal: Dort kann man Basalte, Tuffite und Olivine am Ort ihrer Entstehung sehen – die Mitnahme ist allerdings streng verboten. Der Name Olivin stammt vom lateinischen Wort *oliva* für Olive, deren Farbe das Mineral hat. Olivin ist als Silikat ein Hauptbestandteil des Erdmantels und wird vor allem als Schmuckstein verwendet. Die Ablagerungen von pyroklastischem Gestein wie beispielsweise Tuff, die hier bei der vulkanischen Eruption entstanden sind, wurden früher vorwiegend als Baumaterial, zum Beispiel beim Bau des Schlosses Grad gebraucht.

Köstliche Prekmurje-Gerichte wie Bograč, hausgemachte Koline oder Gibanica gibt es in der nahen, familiär geführten Gostilna Raj.

Schwierigkeit	leicht
Länge	rund 4 Kilometer, 60 hm
Gehzeit	rund 1 Stunde
Anreise	mit öffentlichen Verkehrsmitteln mit dem Bus von Murska Sobota AP nach Grad, mit dem Auto zum Parkplatz in Grad (N46°48'12" E16°05'34")
Kulinarik	Restaurant-Pizzeria Raj, Grad, Tel. +386 (02) 5331148, www.gostilna-raj.si
Infos	Schloss Grad und Goričko Naturpark, Tel. +386 (0)2 5518860, www.park-goricko.org Erlebnispark Vulkanija, Tel. +386 (0)2 5531000, www.vulkanija.si

Dank

Mag. Andreas Bernhard (Archeo Norico/Burgmuseum Deutschlandsberg), Mag. Stefan Börger (Land Steiermark/Referat Europa), Stanka Dešnik (Naturpark Raab-Őrség-Goričko), Margareta Deix (WKO Deutschlandsberg), Bürgermeister Josef Doupona (Klöch), Maria Fank, Gabriele Grandl (Spirit of Regions), Maja Ikovic (WKO Laibach), Bernarda Karo (Tourismus Maribor-Pohorje), Saša Kek (Skupnost občin Slovenije), Dr. Gerhard Kienzl (WKO Stmk), Gabriele Kleindienst (Tempelmuseum Frauenberg), Prof. Danijela Krpič (Vulcanija Grad), Alfred Klöckl (Klöch), Ursula Lechenauer (Schloss Seggau), Mag. Stefano La Croce (WKO Laibach), Honorarkonsul Peter Merkscha (Konsulat der Republik Slowenien

in Graz), Mag. Wilhelm Nest (WKO Laibach), Mag.ᵃ Susanne Niebler (hamuG Großklein), Spela Radmilović, BA (Botschaft der Republik Slowenien Wien), Pika Radmilović (Vinotour Svečina), Mag.ᵃ Renate Scheiber, Dr.ⁱⁿ Christa Schillinger (Gemeinde Straden), Ing. Karl Schober (Kultur- und Museumsverein Eibiswald), Johann Spreitzhofer (WKO Steiermark), Maria-Luise Verhonig (Kultur- und Museumsverein Eibiswald), Mag.ᵃ Susanne Weitlaner (Pavelhaus).
Mag.ᵃ Beatrix Binder für das umsichtige Lektorat, Mag.ᵃ Nadine Kaschnig-Löbel für das kreative Layout. An alle gastronomischen Betriebe und Museen, die Gutscheine zur Verfügung stellten.

Glossar

Bograč: Kesselgulasch mit mehreren Fleischsorten in der Region Prekmurje

Breinwurst: Kochwurst aus Schweinefleisch (Schweinekopf) und einer regional unterschiedlichen Mischung von Getreidesorten wie Rollgerste, Buchweizen oder Hirse

Brettljausn: typisches Buschenschank-Gericht, dabei werden Geselchtes, Schweinsbraten, Trockenwürstel, Speck, Bratlfett, Verhackert, Liptauer und ein hart gekochtes Ei auf einem Holzbrett serviert

Buschenschank: Betrieb, in dem ein österreichischer Weinbauer seine Erzeugnisse (Wein, Most, Säfte, kalte Speisen) anbieten darf. Basiert auf einem Gesetz von Kaiser Josef II. aus dem Jahr 1784.

Prekmurska Gibanica: slowenische Süßspeise aus Blätterteig, mit einem Mürbteig-Boden sowie einer Füllung aus Mohn, Topfen, Nüssen und geriebenen Äpfeln

Heidensterz (Hoadnsterz): bröseliges Gericht der steirischen Alltagsküche, ein sogenannter Sterz aus Buchweizenmehl (österreichisch = Heidenmehl), wird oft mit Schwammerlsuppe serviert

Goričko: Teil der historischen Region Prekmurje im Nordosten Sloweniens. Begriff leitet sich von slowenisch gorice = Weinberge ab.

Gostilna: Gasthaus, das regionale Küche anbietet

Käferbohnensalat: steirische Käferbohnen (lt. phaseolus coccineus, Feuerbohne), vermischt mit steirischem Kürbiskernöl. Diese Bohne ist braun, violett und schwarz gesprenkelt und schmeckt zart nussig.

Kästn (steirisch): Kastanien. Kästn mit Sturm ist das Südsteiermark-Erlebnis schlechthin.

Kürbiskernöl: Speiseöl, das aus den gerösteten Kernen der Kürbisse hergestellt wird, eine steirische Spezialität

Klapotetz (slowenisch klopotec = klappern): eine Art Windrad mit Schlägeln, die durch ihr Geräusch Vögel verscheuchen sollen

Koline: in Slowenien sind das Fleisch und diverse Würste, die aus einer Hausschlachtung stammen.

Koroška: statistische Region Sloweniens. Grenzt an die österreichischen Bundesländer Kärnten und Steiermark.

Krainer: grenzüberschreitende Brühwurstspezialität, mit der Variante Käsekrainer

Mežerli: slowenische Spezialität, faschierte Laibchen beziehungsweise Frikadellen aus Innereien vom Schwein

Kukuruz: Mais

Kürbis: ursprünglich aus Amerika stammendes Gemüse, dessen Kerne in der Steiermark vor allem zu Öl und Knabberkernen verarbeitet werden

Morillon: neben dem Sauvignon Blanc eine der bedeutendsten Rebsorten im steirischen Weingebiet. Sie kam mit Erzherzog Johann in die Steiermark und wird außerhalb der Steiermark als Chardonnay bezeichnet.

Pohorskipisker: Pohorje-Eintopf, eine Spezialität aus mehreren Fleischsorten im Pohorje-Gebirge

Poganze (dt. flacher Kuchen): südsteirische Mehlspeise aus Hefeteig, Topfen (Quark), Ei und Schlagobers (Sahne)

Prekmurje (dt. Übermurgebiet): historische Region im Nordosten Sloweniens. Grenzgebiet zu Österreich, Ungarn und Kroatien.

Riedel: niedriger, langgestreckter und schmaler Geländerücken

Schilcher: Wein der Rebsorte Blauer Wildbacher

Schilcherland: weststeirisches Hügelland zwischen Ligist und Eibiswald

Schwammsuppn: Pilzsuppe

Schwoatn: knusprige Haut des Schweinsbratens

Steirisches Backhendl: goldgelb paniertes Hühnchen, traditionell vom Sulmtaler Huhn zubereitet, oft mit Vogerl/Feld- oder Kartoffelsalat serviert

Šipon: slowenische Bezeichnung der ungarischen Rebsorte Furmint

Štajerska: historische Region Sloweniens (ehemalige Untersteiermark), zwischen Mur und oberer Save gelegen

Steirischer Backhendlsalat: kleinere Hendlstücke, zubereitet wie das Steirische Backhendl, auf grünem Salat

Sterz: gekochter Maisgrieß/Polenta

Steirisches Vulkanland: Regionsbezeichnung von 33 Gemeinden der Südoststeiermark. Der Begriff leitet sich von alten Vulkanen aus dem Miozän – vor 17 Millionen Jahren – und Pliozän – vor 2 Millionen Jahren – ab, die heute noch als „Kogel" sichtbar sind.

Strauben: in Öl gebackene steirische Süßspeise, wird beim Servieren mit Puderzucker bestreut

Sturm: Traubenmost, dessen Gärung gerade begonnen hat

Sulmtaler Huhn (Sulmtaler Hendl): Hühnerrasse, die vom steirischen Landhuhn abstammt. Zeichnet sich durch ein zartes, weißes Fleisch von hoher Qualität aus.

Traminer: benannt nach dem Südtiroler Ort Tramin, ist diese Rebsorte vor allem in Klöch verbreitet.

Türkensterz (Türkentommerl)**:** Sterz aus Maisgrieß/Polenta mit gerösteten Grammeln

Verhackert: geräucherter, kleingehackter Speck als Brotaufstrich

Welschriesling: Rebsorte aus Norditalien. Als „Welsche" werden in der deutschen Sprache romanische Völker bezeichnet, daher die Bezeichnung „Welschriesling" in Österreich. In Slowenien heißt der Wein „Laški Rizling".

Woaz (steirisch)**:** Mais, Kukuruz

Woazstritzl (steirisch)**:** Maiskolben

Nützliche slowenische Begriffe

Dober dan	Guten Tag
Dober tek	Mahlzeit!
Dobro došli	Willkommen!
Hvala (lepa)	danke(schön)
Na svidenje	Auf Wiedersehen
Na zdravje	Prost
Prosim	bitte

Index

Gutscheine

Mit dem Kauf dieses Wanderführers erhalten Sie bei folgenden Gasthöfen zum Kennenlernen bei Konsumation eines Hauptgerichtes einmalig eine kleine Vergünstigung – bei Museen eine Ermäßigung auf den Eintrittspreis. Einfach Wanderführer vorweisen, Vergünstigung erhalten und Bon entwerten lassen.

Z nakupom pohodniškega vodnika prejmete pri sledečih gostilnah pri naročilu glavne jedi majhen popust – pri muzejih pa popust pri nakupu vstopnice. Enostavno predložite pohodniški vodnik in vnovčite popust v obliki vrednostnega bona.

Lasslhof
1 Stamperl Schnaps
oder
1 Espresso
Riegersburg
1

Kutscherstüberl
1 Stamperl Schnaps
oder 1 Pfiff Bier
oder 1 Espresso
Riegersburg
2

Schlosswirt Kornberg
1 Espresso
Dörfl
3

Heurigenschenke
Zum Sterngucker
1 Stamperl Schnaps
oder 1 Espresso
Auersbach
4

Veringa – Altes Wirtshaus
**1 kleines
Getränk**
Fehring

Gasthof Palz
**1 Kostprobe
Gewürztraminer**
Klöch

BULLDOGWirt
**1 Kostprobe
heimischer Wermut**
Straden

Tempelmuseum Frauenberg
**kostenlose
Führung**
Leibnitz/
Seggauberg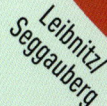

Schlosstaverne Seggau
**1 Glas Seggauer Wein
oder 1 Espresso**
Leibnitz/
Seggauberg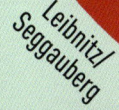

Gasthaus Wagner
**1 Stamperl
Schnaps**
Großklein

Museum hamuG
**20%
Eintrittsermäßigung**
Großklein

Steirerkeller
**1 Stamperl
hausgemachter Likör**
Großklein

Weinmuseum Kitzeck

20% Eintrittsermäßigung

Kitzeck

12

Burgmuseum Archeo Norico

10% Eintrittsermäßigung

Deutschlandsberg

14

Stöcklpeter

1/8 Schilcher

Deutschlandsberg

14

Kirchenwirt Nabernik

1 Stamperl Schnaps

Bad Gams

15

Kloepfer- & Heimatmuseum

25% Eintrittsermäßigung

Eibiswald

16

Weinlandhof

Kostprobe 1/16 Traminer

Deutsch Haseldorf

19

Metzgerwirt

1 Stamperl „Hausangesetzter"

Bad Radkersburg

20

Museum im Alten Zeughaus

Eintrittsticket um € 3,–

Bad Radkersburg

20

Muzej Špital
20% Eintrittsermäßigung
popust pri vstopu

Gornja Radgona

20

Gostilna in picerija AS
1 Stamperl Schnaps
1 šilce žganja

Apače

21

Ribiški Dom
1 Espresso

Mureck/
Trate/Obermureck

22

Mühlenhof
1 Stamperl Schnaps

Weitersfeld/Mureck

23

Gostišče Vračko
1 Glas Wein
1 kozarec vina

Plač/Zgornja Kungota

24

Landgasthof Wratschko
1 Espresso

Gamlitz

25

Wirtshaus Zangl (Waucher)
1 Stamperl Schnaps

Leutschach

27

Gasthaus Temmel-Kollar
1 Stamperl Schnaps

Oberhaag

28

Gasthaus Silgener
**1 Stamperl
Schnaps**

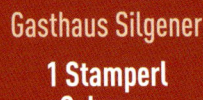
St. Lorenzen **29**

Gostilna Murko
1 Gin Tonic

Slovenj Gradec **33**

Gostilna Pri Kmetec
**1 Stamperl
Hausschnaps**
1 šilce domačega
žganja

Celje **34**

Pokrajinski muzej Celje
**20%
Eintrittsermäßigung**
popust pri vstopu

Celje **34**

Restavracija Lesnika
1 Espresso

Mozirje **35**

Gostilna Rozika
1 Espresso

Ptuj **36**

Museum Schloss Ptuj
**Mit Eintrittskarte
1 Kaffee gratis**
Z vstopnico
brezplačna kava

Ptuj **36**

Taverna Kupljen
**1 Kostprobe Šipon
(Furmint)**
1 pokušina šipon

Jeruzalem **37**

Pri Martinu
1 Stamperl Schnaps
1 šilce žganja
Selo — 38

Gostilna Tonček
1 Stamperl Slivovitz oder 1 Glas Saft
1 šilce slivovke ali 1 kozarec soka
Ižakovci/Beltinci — 39

Vulkanija
10% Eintrittsermäßigung
10% popust pri vstopu
Grad — 40

Gostilna Raj
10% Lunch-Rabatt für Museumsbesucher
10% popust pri kosilu za obiskovalce muzeja
Grad — 40

Die Bons wurden im Zeitraum der Recherche (Herbst 2020) vom Autor mit den Gasthöfen und Museen abgesprochen. Das Angebot ist nur auf die Besitzerin oder den Besitzer des Wanderführers beschränkt. Ein Rechtsanspruch auf Einlösung der Gutscheine besteht nicht. Keine Barablöse möglich.

Popusti so bili dogovorjeni v času raziskave (jesen 2020) med avtorjem in gostilnami oz. muzeji. Ponudba je omejena samo na lastnika pohodniškega vodnika. Pravni zahtevek za unovčitev bona se izključuje. Izplačilo v gotovini ni možno.

Alois Pötz
Johann Dormann
Ge*h*mütliche Obersteiermark
Wandern, entdecken, genießen

Der ideale Wanderführer für alle, die gerne ge*h*mütlich wandern und ein Faible für gutes Essen und Trinken haben! Erkunden Sie auf 40 Genusswanderungen malerische Dörfer und kleine Städte, reizvolle Bergketten und romantische Täler von Mariazell bis zum Semmering, von Mürzzuschlag bis Murau, von Admont bis Schladming und Altaussee.

Mit präzisen Routenbeschreibungen, Kartenausschnitten, Hinweisen zur Erreichbarkeit mit Öffis und Auto (GPS), Einkehrtipps und Gutscheinen im Wert von € 70,–

272 Seiten, ISBN 978-3-7025-0967-5, € 22,–

VERLAG ANTON PUSTET

Lesen Sie uns kennen.
www.pustet.at